PENSÉES
QUOTIDIENNES

« Plusieurs fois dans la journée pensez à vous arrêter : restez quelques minutes dans le silence, mais un silence intense, vivant, un silence où votre âme et votre esprit pourront s'adresser au Créateur. »

Omraam Mikhaël Aïvanhov

Éditions Prosveta S.A. - B.P.12 - 83601 Fréjus Cedex (France)

ISBN 2-85566-817-4

Omraam Mikhaël Aïvanhov

PENSÉES QUOTIDIENNES

2002

PROSVETA

« Chaque matin, avant d'entreprendre quoi que ce soit, recueillez-vous un moment afin d'introduire en vous la paix et l'harmonie, et de vous lier au Créateur en Lui consacrant, par la prière et la méditation, cette journée qui commence.

L'essentiel, c'est le commencement. C'est là, au commencement, que les forces nouvelles se déclenchent et s'orientent. Pour agir correctement, il faut toujours commencer par chercher la lumière. Quand il fait nuit, vous ne vous précipitez pas dans l'obscurité pour aller prendre un objet ou commencer un travail, mais vous allumez d'abord une lampe pour y voir, et ensuite vous agissez. Eh bien, pour n'importe quel cas dans la vie, vous avez tout d'abord besoin d'allumer la lumière, c'est-à-dire de vous concentrer, de vous recueillir, afin de savoir comment agir. Si vous n'avez pas cette lumière, vous irez à gauche, à droite, vous frapperez à plusieurs portes, et vous ne ferez rien de bon.

Toute la journée est inscrite dans la direction que vous donnez dès le matin à vos pensées. Car suivant que vous êtes attentif et vigilant ou non, vous déblayez le chemin ou, au contraire, vous l'encombrez de toutes sortes de choses inutiles ou même nocives. Le disciple de la Science initiatique sait comment il doit commencer la journée s'il veut qu'elle soit fructueuse, remplie de la grâce de Dieu, afin de pouvoir répandre cette grâce autour de lui sur toutes les créatures. Il sait qu'il doit avoir, dès le matin, une pensée fondamentale autour de laquelle graviteront, durant la journée, toutes ses autres pensées.

Si vous avez pour chaque jour un but précis, une orientation précise, un idéal à atteindre, toutes vos activités vont peu à peu s'ordonner, s'organiser et contribuer à la réalisation de cet idéal. Et même lorsque des pensées et des sentiments étrangers, négatifs, tenteront d'entrer en vous, ils seront détournés et mis au service du monde divin, ils seront obligés eux aussi d'aller dans la direction que vous avez vous-même choisi de prendre. Et c'est ainsi que, grâce à la pensée fondamentale que vous aurez placée dès le matin dans votre tête, dans votre cœur, vous pourrez inscrire cette journée dans le grand Livre de la Vie.

Et puisque tout s'inscrit, une fois que vous aurez vécu une journée splendide, une journée de vie éternelle, non seulement elle sera enregistrée, non seulement elle ne mourra pas, mais elle tâchera d'entraîner toutes les autres journées à sa suite pour qu'elles lui ressemblent. Essayez au moins de bien vivre une seule journée car c'est elle qui influencera les autres : elle va les inviter pour leur parler et les convaincre d'être comme elle, équilibrées, ordonnées, harmonieuses. »

Omraam Mikhaël Aïvanhov

Combien de penseurs et de poètes ont comparé l'existence à un voyage ! Dès sa naissance l'homme part à la découverte de régions inconnues, et ces régions sont non seulement à l'extérieur de lui mais surtout en lui. Certaines de ces régions sont accueillantes, et il peut s'y arrêter au moins pour quelque temps ; d'autres sont inhospitalières et il doit les éviter, ou les fuir au plus vite si par malheur il a eu l'imprudence d'y mettre le pied. Même si vous restez toute votre vie chez vous enfermé dans une chambre, vous pouvez connaître intérieurement tout ce qui existe sur la terre comme paysages ou phénomènes de la nature. Certains jours vous vous plaignez : « Je me sens oppressé, j'étouffe ! » Eh bien, c'est que, sans vous en rendre compte, vous êtes descendu trop bas dans les régions souterraines, et maintenant vous êtes écrasé. Alors, par la pensée sortez un peu et remontez à l'air libre. Et si d'autres fois vous vous sentez dilaté, inspiré, comme si vous vous étiez affranchi des lois de la pesanteur, c'est parce que, consciemment ou inconsciemment, vous vous êtes projeté très haut jusqu'au sommet de votre être intérieur, et alors efforcez-vous d'y demeurer le plus longtemps possible.

Lorsqu'on doit construire un immeuble, un barrage, un pont, un tunnel, etc., on commence par étudier la résistance des matériaux, car il est très important de savoir comment ils vont réagir aux pressions, aux vibrations, aux chocs, à l'usure. Et on fait des recherches pour trouver justement les matériaux les plus solides, les mieux adaptés aux conditions qu'ils auront à subir. De la même façon, la Science initiatique met l'accent sur la résistance des matériaux, pour que l'homme soit capable de construire en lui un édifice qui résistera aux vents, aux inondations, aux tremblements de terre, c'est-à-dire aux épreuves et aux difficultés intérieures auxquelles il est fatalement exposé. Ces matériaux résistants sont ceux que lui donne la pratique des vertus : la bonté, la justice, la pureté, la sagesse… L'Intelligence cosmique condamne à une rapide désagrégation toute matière qui n'est pas vivifiée, éclairée par la Divinité. Vous ne pourrez vous construire un corps spirituel résistant qu'en utilisant des matériaux imprégnés de la force divine.

3 Janvier

L'existence est d'une richesse infinie et ne cesse de nous offrir d'immenses possibilités. Pourtant, sachez que seule la recherche de l'Absolu, Dieu Lui-même, peut nous combler. La question, c'est de ne pas se décourager, mais de bien comprendre la nature de cette activité. Quand ils rencontrent des obstacles et des difficultés, tous ceux qui ont réfléchi à la nature de leur travail disent : « Eh oui, ce sont les inconvénients du métier », ce qui ne les empêche pas de continuer. Tout le monde sait que chaque métier a ses inconvénients. Et pourquoi les spiritualistes ne connaissent-ils pas les inconvénients de leur « métier » ? S'ils se découragent et sont tentés de l'abandonner, cela prouve qu'ils n'ont pas compris. S'ils avaient compris, à chaque difficulté ils auraient continué avec une plus grande ardeur. Quand on est découragé, il faut pouvoir s'encourager encore davantage à cause de ce découragement. C'est cela la véritable alchimie, la pierre philosophale.

4 Janvier

Vous priez pour demander la lumière, l'amour, la paix ou même seulement la santé : la sincérité et la ferveur de votre demande font qu'intérieurement vous vous projetez sur un autre plan. Vous pensez que par cette prière vous vous adressez à Dieu… Oui, sans doute, mais Dieu, qui existe évidemment en dehors de vous, existe aussi en vous, et c'est donc à cette puissance supérieure en vous que vous vous adressez. Puisqu'elle est en vous et que vous la touchez, elle répond ; et sa réponse, ce sont des courants de vie intense et pure qui, en vous traversant, éclairent et harmonisent tout sur leur passage. On retrouve dans la prière le mouvement de la respiration : vous montez en adressant votre demande, c'est l'inspiration ; vous recevez la réponse, les bénédictions du Ciel descendent sur vous, et c'est l'expiration.

5 Janvier

Chaque jour vous avez l'occasion de faire de nouvelles rencontres. Mais ces hommes et ces femmes que vous rencontrez, est-ce que vous cherchez d'abord à savoir s'ils ont un cœur et une intelligence solides, s'ils ont un idéal spirituel ? Non. Si vous êtes sincère, vous reconnaîtrez que tout cela ne compte pas tellement pour vous : vous regardez plutôt s'ils ont un physique assez agréable pour vous donner envie de les embrasser, ou s'ils sont assez riches ou puissants pour vous faire profiter de leur argent ou de leur pouvoir. Eh oui, c'est là l'attitude du monde entier. Mais celui qui veut suivre un enseignement spirituel doit abandonner cette attitude, car c'est seulement avec ce qui est honnête, bon, sage et pur chez les êtres que l'on peut former une véritable fraternité et travaillcr. Que vont faire la beauté, la fortune, le pouvoir s'ils ne sont pas en même temps des serviteurs du monde divin ? Ils ne serviront qu'à soulever des passions. Alors, gardez-vous des séductions que peuvent exercer sur vous la beauté physique, l'argent et le pouvoir, car ils vous feront oublier des qualités beaucoup plus importantes pour ce que nous devons construire ici.

6 Janvier

Recherchez le silence. Le vrai silence n'est ni vide ni muet. Au contraire, il y a en lui une plénitude, il est vivant, vibrant, et il parle, il chante. Mais nous ne pouvons entendre ce silence que lorsque les grosses caisses – les passions, les sentiments et les pensées chaotiques – s'arrêtent de battre en nous. Grâce à la contemplation, à la prière, à la méditation, nous parviendrons un jour à entendre la voix du silence. Lorsque toutes les tempêtes se seront enfin apaisées, le silence s'approchera et se répandra pour nous envelopper de son manteau merveilleux. Une clarté se fera en nous et nous sentirons soudain que quelque chose de très puissant règne au-dessus de nous et nous gouverne : ce silence originel dont l'univers est sorti et dans lequel il retournera un jour.

Celui qui cherche un Maître pour devenir son disciple pose souvent très mal la question, car son évolution dépend davantage de lui-même que de son Maître. C'est la qualité de son idéal, de ses pensées, de ses sentiments qui le fera évoluer. Le Maître n'est qu'un moyen. Tous ceux qui croient que s'ils avaient eu un meilleur Maître, un plus grand Maître, leurs progrès spirituels auraient été plus rapides, se trompent : ils auraient peut-être eu à passer de plus grandes épreuves ! Et ne vous imaginez pas qu'auprès de Jésus, un chat peut devenir saint Jean ; non, il restera un chat, et un pourceau deviendra peut-être deux fois pourceau !

Évidemment, il est souhaitable de rencontrer un Maître sage et plein d'amour, mais n'oubliez jamais que c'est vous qui êtes le facteur déterminant. Commencez donc par améliorer vos sentiments et vos pensées, par nourrir le plus haut idéal, en sachant que, tôt ou tard, vous parviendrez à attirer parmi les créatures terrestres ou célestes celles qui correspondent à votre idéal.

8 Janvier

Vous avez sans doute remarqué que la même difficulté vous paraît plus ou moins supportable selon l'état dans lequel vous vous trouvez. Alors, quelle conclusion en tirer ? Que l'on ne doit pas tellement s'inquiéter de ce qui vient de l'extérieur, mais trouver les moyens de se renforcer intérieurement. Sinon, on le voit, la moindre contrariété peut prendre des proportions démesurées. La lumière est la chose la plus merveilleuse dans la nature, mais si vos yeux sont un peu irrités, elle vous fait mal. Si votre estomac, votre foie sont défectueux, malades, la nourriture la meilleure vous paraît indigeste. Quelqu'un vous donne une chaleureuse poignée de main ou une tape affectueuse dans le dos, mais si vous êtes perclus de rhumatismes, vous poussez des cris. Et de la même façon, la visite des amis les plus chers va vous chagriner, car pour celui qui a le cœur, l'âme ou le corps malade, les choses les plus belles et les meilleures sont causes de douleur. Tandis que si vous êtes solide et bien portant, un croûton de pain, un coup de poing, un mot un peu rude vous paraîtront délicieux, et vous surmonterez les difficultés sans même vous en apercevoir.

Imaginez que, par malheur, vous avaliez du poison : il fait en vous des ravages spectaculaires ; mais si tout de suite un médecin vous donne un puissant antidote, vous voilà sauvé. Dans la mesure où cet antidote ne fait que vous ramener à votre état normal, ses effets vous paraissent moins frappants que ceux du poison qui vous avait foudroyé, mais l'antidote est aussi puissant, et même plus puissant, puisqu'il a triomphé du poison. De même que le contrepoison est implacable envers le poison, l'amour est implacable envers la haine, la lumière est implacable envers les ténèbres, le bien est implacable envers le mal.

Le bien est aussi puissant et formidable que le mal, mais comme il nous convient, on trouve normal qu'il se manifeste ; c'est au mal qu'on accorde son attention. Mais allez demander au mal son opinion sur le bien, il vous dira : « Oh là là ! le bien, c'est affreux ! Qu'est-ce que j'ai reçu comme coups ! » Demandez aux esprits ténébreux l'effet que produit sur eux le passage d'un esprit de lumière : ils hurlent, ils s'enfuient terrorisés. Ça, vous ne l'avez pas vu et vous ne réfléchissez pas. Pour comprendre la puissance du bien, c'est le mal que l'on doit interroger.

Méditer sur la lumière est un des meilleurs exercices spirituels. Mais à ce moment-là, laissez de côté toutes les autres préoccupations, concentrez-vous sur la lumière comme si toute votre vie dépendait d'elle. Cette lumière, vous pouvez l'imaginer colorée, mais il est préférable de l'imaginer blanche, parce que la couleur blanche est la synthèse de toutes les autres couleurs : elle réunit la toute-puissance du violet, la paix et la vérité du bleu, la richesse et le rajeunissement éternel du vert, la sagesse et la connaissance du jaune, la santé et la vigueur de l'orange, la force et le dynamisme du rouge.

Quand vous saurez vraiment vous concentrer sur la lumière, quand vous la sentirez comme une existence qui vibre, qui palpite, où tout est paix et plénitude, vous commencerez à percevoir qu'elle est aussi une musique, cette musique cosmique qu'on appelle la musique des sphères, le chant de tout ce qui existe dans l'univers ; et en même temps vous respirerez les effluves parfumés qui émanent d'elle. Il n'existe pas de travail plus digne et plus puissant que ce travail sur la lumière.

11 Janvier

La matière présente toujours une certaine résistance. Pour pouvoir la façonner, il faut introduire en elle une force susceptible de la rendre malléable ou même de la dissoudre. Vous avez de l'argile, vous y versez de l'eau : elle s'humecte et se dilue. Si vous avez du sucre ou du sel et que vous les couvriez d'eau, ils fondent. Il faut toujours trouver quelque chose qui pénètre, qui humecte, qui ramollit. Dans d'autres cas, le travail des métaux par exemple, on utilise la chaleur…

Dans le domaine spirituel, cette eau et cette chaleur qui nous permettent de travailler sur notre matière, c'est l'amour. Comme la chaleur ou comme l'eau, l'amour pénètre les particules de matière, il les fait fondre et les transforme. Vous êtes troublé, irrité ou angoissé ? Vous pouvez changer ces états grâce à l'amour qui purifie votre matière psychique et en harmonise les particules. Jusqu'à maintenant, vous ne connaissez que l'amour passionnel qui produit des ravages. Désormais, tâchez d'apprendre à travailler avec la puissance de l'amour spirituel qui sublimera la matière de votre être intérieur.

Sur ce long chemin qu'est la vie, nous ne cessons de rencontrer des obstacles, des sens interdits, et évidemment nous nous sentons limités… Mais cela ne sert à rien de pousser des cris et de se révolter. Ces limites, ces contraintes ont pour but d'éveiller en l'homme la volonté de vaincre et de se libérer. Cela se passe comme avec la poudre : c'est parce qu'elle est limitée, comprimée que, lorsqu'on l'allume, elle fait tout sauter. Mais si on lui donne de l'espace, même allumée, elle fera seulement ffff ! et c'est tout. De même si l'homme vit au large, dans la facilité, voilà ce qu'il fera dans l'existence : ffff ! pas plus. Évidemment, quand il se sent contraint, il souffre, mais il y a en lui quelque chose qui se réjouit : son esprit, car il sait qu'il devra développer sa force pour sortir de ces limites. Eh oui, voilà ce que vous devez comprendre : pendant que vous souffrez et gémissez, votre esprit, lui, se réjouit.

La respiration n'est pas uniquement ce processus par lequel les êtres vivants absorbent et rejettent l'air. Par la respiration, nous pouvons aussi inspirer et expirer la lumière. Alors, exercez-vous : inspirez en pensant que vous attirez la lumière, et expirez en pensant que vous la projetez sur vos organes, sur vos cellules. De nouveau inspirez… puis expirez… Très vite vous pourrez constater combien cet exercice agit favorablement sur vous : vous vous sentirez détendu, dans la paix.

Une fois que vous avez attiré la lumière en vous, que vous l'avez inspirée, vous pouvez imaginer que vous l'expirez pour le monde entier. Évidemment, il n'est possible de faire ce second exercice qu'après avoir longtemps fait le premier et remplacé en soi beaucoup de particules ternes, maladives, par des particules de lumière. Il faut attendre de sentir que ce travail de transformation et de purification commence à porter des fruits pour se permettre de donner aux autres cette lumière que l'on a reçue en soi. Ce travail avec la lumière est aussi symbolisé par la lettre hébraïque Aleph א. Aleph, c'est l'Initié qui prend la lumière céleste, la vie divine, pour la donner aux humains.

Supposons un homme qui possède une magnifique voiture : il l'entretient en lui donnant l'essence de la meilleure qualité, les meilleurs pneus, etc. Mais quand il l'utilise, il n'est ni prudent ni maître de lui : il fait des manœuvres dangereuses, fonce à toute allure, freine brusquement… et la pauvre voiture malmenée est rapidement hors d'usage. Eh bien, la plupart des humains agissent ainsi avec leur corps physique. Ils n'ont aucune conscience de cette merveille que représente leur organisme, dans quels ateliers il a été construit, comment il a été travaillé par l'esprit et combien il en a coûté au Créateur pour parfaire toute cette installation. Vous direz que vous êtes attentifs envers votre corps physique… Peut-être, mais cela ne suffit pas. Vous voulez vraiment être en bonne santé ? Soyez des conducteurs attentifs, prévoyants, prudents, c'est-à-dire évitez les états passionnels, les pensées et les sentiments chaotiques qui ébranlent et usent votre organisme.

La vigilance est une qualité essentielle pour notre évolution. Mais cela, même des spiritualistes ne l'ont pas encore compris. Pourquoi être vigilant ? C'est tellement plus agréable de se laisser aller ! Oh, je le crois, la négligence, la paresse sont toujours plus agréables que la lucidité et les efforts. Mais ensuite il ne faut pas s'étonner si, malgré l'univers étalé devant eux, malgré les étoiles et le soleil, malgré tous les livres et tous les grands Maîtres qui sont là pour les instruire, même des gens intelligents n'arrivent pas à se sortir de leur médiocrité.

Si vous voulez vraiment progresser, soyez vigilants, dites-vous : « Je dois me surveiller. Que ce soit pour mon corps physique, mon intellect, mon cœur, je choisirai comme nourriture les éléments les plus sains, les plus purs, les plus lumineux. C'est ainsi que je serai toujours actif… même pendant mon sommeil. » Oui, car il y a sommeil et sommeil. Celui qui a appris la véritable vigilance reste éveillé même pendant son sommeil. Bien qu'il soit endormi, de l'autre côté il entend, il comprend et il agit.

Il ne suffit pas qu'une idée vous passe par la tête pour que vous puissiez la considérer comme bonne et juste. Tant que vous n'avez pas travaillé à vous mettre en harmonie avec le monde de l'amour et de la lumière, vos antennes ne sont pas infaillibles et les messages qu'elles captent sont déformés, tendancieux. Essayez de vous examiner sincèrement et vous découvrirez que les neuf-dixièmes de vos convictions vous sont inspirées par des considérations qui n'ont rien de désintéressé ni de généreux. Mais comme vous n'avez pas de critères, vous ne vous préoccupez pas de vérifier l'origine de ces convictions : vous vous précipitez pour exécuter les actes qu'elles vous inspirent. La majorité des affrontements entre les humains ont pour cause leur manque de discernement et leur refus de s'interroger sur le bien-fondé de leurs opinions et de leurs revendications. Celui qui veut véritablement se perfectionner doit commencer par acquérir des critères impitoyables afin de vérifier la provenance de tous ses mobiles.

Les activités, les plaisirs, les sujets de conversation qui les entraînent dans les degrés inférieurs des plans astral et mental, voilà ce qu'aiment la plupart des humains. On dirait qu'ils n'ont de goût que pour ce qui les affaiblira, les détruira. Quand vont-ils enfin remédier à cela ? Vous répondrez qu'il est impossible de changer ses goûts. Non, c'est très difficile, mais ce n'est pas impossible. Et il existe une méthode qui peut vous y aider : au lieu de combattre directement vos goûts pour les activités avilissantes, essayez de trouver le moyen d'éveiller en vous l'amour pour la lumière, pour un haut idéal qui vous soulèvera, vous enrichira, vous embellira.

Aucun être humain ne vient sur la terre en ayant pour unique besoin celui de s'élever. Tous sont tentés, surtout dans leur jeunesse, par des préoccupations et des plaisirs faciles, et c'est normal. Ce qui n'est pas normal, c'est de ne pas vouloir bouger de là. Pour un Initié, le degré d'évolution d'un être se mesure à sa capacité d'élever ses aspirations, de projeter ses désirs toujours plus loin, toujours plus haut.

18 Janvier

Comme la nature, notre vie intérieure est soumise à des alternances, le jour et la nuit, le flux et le reflux : tour à tour notre conscience s'éclaire et s'obscurcit, se remplit et se vide. Et puisqu'il en est ainsi, il faut essayer de prévoir l'époque où chacun de ces phénomènes va se produire. Supposez donc que la période difficile approche : si vous ne l'avez pas prévue, vous faites des projets, vous prenez des engagements, mais lorsque le moment vient, vous n'avez plus ni énergie ni inspiration, et vous vous sentez désemparé. Vous auriez pu éviter ces inconvénients si vous aviez su prévoir les jours où vous vous sentiriez fatigué, affaibli. Toutes les erreurs se commettent dans les ténèbres, au moment où la conscience est obscurcie. Apprenez à connaître ces moments-là et restez tranquille, ne vous lancez pas dans de nouvelles entreprises.

Un Maître spirituel est comme un envoyé, un ambassadeur qui représente tout un pays et en ayant pour lui de la considération, vous montrez que vous considérez aussi ce pays – le Ciel – qui l'a envoyé. C'est lui qui inspire à votre Maître de vous dire ce qui est nécessaire pour votre évolution, et si vous ne prenez pas ses paroles au sérieux, comment pourrez-vous convaincre le Ciel de votre respect et de votre amour ? Vous ne pourrez pas ; et en voyant votre négligence, le Ciel vous retirera son aide. Pour attirer la bienveillance du Ciel, il faut commencer par le commencement : il faut prendre au sérieux ses envoyés. Vous ne savez pas combien d'esprits se sont engagés à vous aider à travers votre Maître. Oui, des milliers d'entités sont venues pour vous faire évoluer, et si vous considérez tout cela avec légèreté, tant pis pour vous, vous ne gagnerez rien.

Extérieurement nous resterons toujours des individus séparés, avec un corps physique, un nom, une identité ; mais intérieurement nous devons nous unir pour former un être collectif afin d'apprendre à vivre la vie cosmique, la vie universelle. Il arrive que deux personnes s'aiment tellement qu'elles sentent qu'elles ne font qu'un… Mais elles ont quand même deux corps différents, pas moyen de les fusionner. Même quand elles s'embrassent, quel que soit leur amour, elles sont quand même deux. Et si elles prennent l'autobus ou vont au théâtre, il leur faut toujours deux billets, deux places ! C'est seulement dans leur pensée qu'elles peuvent ne faire qu'un ; et de la même façon tous les humains peuvent ne faire qu'un. Cette sensation d'unité est aussi indépendante de la distance physique. On peut être séparé par des milliers de kilomètres et se sentir uni, lié. Donc, travaillons à introduire cette idée d'unité dans nos pensées, nos sentiments, nos actes, et tout en restant des individus séparés, nous formerons une seule famille sur toute la terre.

L'homéopathie, qui agit à doses infinitésimales, ne touche pas directement le corps physique, mais les corps subtils qui agissent ensuite sur le corps physique. C'est pourquoi on peut considérer aussi qu'un regard, une parole, ou même seulement un sentiment, une pensée, sont des substances identiques aux médicaments homéopathiques : ils touchent les corps subtils des êtres où ils déclenchent des réactions qui finissent par atteindre le corps physique. Lancez un regard de haine à quelqu'un, dites-lui un mot cruel et vous pouvez le faire tomber malade… Cela s'est fait par l'intermédiaire des corps mental, astral et éthérique. Et inversement, quelqu'un est abattu, recroquevillé sur lui-même… dites-lui quelques bonnes paroles, donnez-lui un bon regard, un sourire, et voilà qu'il se relève ! Là aussi, vous lui avez donné une dose homéopathique qui a été reçue par ses corps subtils et cela s'est reflété sur son corps physique.

« Je veux vivre ma vie. » C'est par ces mots que les jeunes déclarent généralement leur indépendance. Ils veulent vivre leur vie, oui, mais quelle vie ? Une vie animale ou une vie divine ?... Tous ceux qui ne pensent qu'à « vivre leur vie » s'exposent à mener une existence chaotique, et la réalité c'est qu'ils perdront leur vie. Le disciple, lui, sait que s'il veut sauver sa vie, il doit la consacrer au Seigneur en disant : « Seigneur, je commence à me rendre compte que sans Toi, sans ta Lumière, sans ton Intelligence, je ne suis rien. J'ai voulu n'en faire qu'à ma guise et maintenant je suis honteux, dégoûté de moi... Désormais, je suis prêt à Te servir, je Te consacre ma vie afin de faire enfin quelque chose d'utile pour le monde entier. » À ce moment-là, les Seigneurs des destinées tiendront conseil et décréteront : « Voilà, à partir de maintenant, nous changeons ta destinée. » Et ce décret sera proclamé dans toutes les régions de l'espace ; les Anges et tous les serviteurs du Ciel s'y conformeront instantanément, et vous pourrez constater que votre existence est en train de se transformer.

23 Janvier

Pour celui qui sait le comprendre et le manifester, l'amour représente une puissance extraordinaire. Lui seul connaît tout et peut remédier à tout, car il est capable de déclencher et de projeter des forces insoupçonnées.

Il est dit que Dieu est Amour. Mais quand on voit les tragédies que l'amour apporte aux humains, on mesure tout le travail qu'ils ont encore à faire, tout le chemin qu'il leur reste à parcourir pour s'élever jusqu'à cet amour divin. Mais cela vaut la peine, car le vrai mage, le mage tout-puissant, c'est l'amour. Vous devez l'inviter pour qu'il s'installe en vous, et alors, comme la flamme rayonnant à travers le verre d'une lampe, partout où vous irez, votre amour rayonnera et jaillira autour de vous.

Beaucoup de gens reconnaissent qu'il est très bénéfique pour eux d'être plongés dans l'atmosphère d'une communauté spirituelle ; ils ont clairement conscience d'être sur le bon chemin, car le sens de la vie leur apparaît plus clairement, ils font des efforts pour se perfectionner, pour devenir plus sages, plus patients et plus maîtres d'eux-mêmes. Mais quand ils retournent dans la société pour y reprendre leurs occupations et recommencent à fréquenter leurs amis, leurs collègues de travail, etc., quelque temps après, tout ce qu'ils ont appris et compris s'efface ; ils retrouvent leurs anciennes habitudes et façons de penser, et ils ont honte presque d'avoir été sages. Alors, comment cela se fait-il ? Pourquoi ces changements dans la conscience ?... Parce qu'en réalité ils n'ont encore ni bien étudié, ni bien compris. Quand on est vraiment éclairé, même si on fréquente les plus grands dévergondés et les plus grands criminels, on reste toujours dans la lumière, on conserve un état de conscience supérieur. Quand la sagesse commence à paraître stupide, c'est qu'on l'a abandonnée...

Que vous ayez des ambitions, que vous fassiez des projets, c'est tout à fait normal. Mais soyez vigilant, car ce sont vos aspirations qui déterminent votre avenir. Au moment où vous commencez à nourrir un projet, c'est comme si vous vous mettiez en route vers un lieu déterminé ; vous devez donc savoir qu'avant de parvenir au but, vous passerez nécessairement par certaines stations. C'est pourquoi il est très important de connaître les relations, les affinités que vos désirs ont avec tel ou tel aspect du monde physique ou du monde psychique. Un projet, c'est déjà comme si vous mettiez votre train sur des rails, et si vous n'avez pas été lucide et vigilant au moment de la décision, ce train vous amènera souvent où vous ne pensiez pas, et surtout où vous ne souhaitiez pas aller. Alors attention, faites en sorte de ne pas trouver les ténèbres, les conflits et les tribulations, là où vous espériez trouver la lumière et la paix.

26 Janvier

La chanson est un moyen d'expression qui plaît de plus en plus aux jeunes, et c'est très bien. Malheureusement, il y a trop de chanteurs et de chanteuses qui, à travers leur voix, projettent sur leur public des ondes désharmonieuses qui le font régresser vers des états chaotiques. Où sont ceux qui, par leur voix, se préoccupent d'inspirer à un auditoire le désir d'embrasser une vie nouvelle consacrée à la beauté et à la lumière ?

Celui qui veut chanter doit devenir conscient du rôle qu'il a à jouer pour l'éveil de toutes les âmes dans le monde, et donc apprendre d'abord à travailler par la pensée sur ses cordes vocales. Voici un exercice, par exemple : qu'il s'imagine entouré d'une lumière rayonnante, chantant devant une foule immense, et qu'à travers sa voix jaillissent des énergies puissantes, subtiles, qui pénètrent et bouleversent l'âme de tous les auditeurs : leur cœur s'ouvre, leur intelligence s'éclaire, ils décident de travailler désormais pour le bien... Si les chanteurs, les chanteuses s'exercent ainsi pendant des mois, des années, un jour viendra où leur voix n'éveillera plus chez les êtres que la nature supérieure, la nature divine ; et ces artistes seront considérés comme des bienfaiteurs de l'humanité.

Le travail d'un Maître est d'aider le disciple à libérer son esprit. Car à quoi ressemble l'esprit du disciple ?... À ce roi qui s'est laissé détrôner par des sujets révoltés ; ils l'ont enfermé dans un cachot et maintenant le royaume est livré à l'anarchie. Malheureusement, bien qu'il se sente dépossédé, brimé, le disciple ne comprend pas toujours l'aide que veut lui apporter son Maître : il a l'impression que par son attitude, ses conseils, il veut limiter sa liberté. Alors, que doit faire le Maître ?... Attendre patiemment que le disciple comprenne la nature de son travail. Ce que le Maître veut limiter en lui, ce sont les manifestations de sa nature inférieure, les instincts, les passions qui ont fini par réduire au silence sa nature supérieure, son esprit. Et si le disciple s'obstine à ne pas comprendre, c'est tout simplement qu'il ne sait pas encore où est son vrai bien. Comme les enfants, ce disciple aime les bonbons et celui qui les offre ; et voilà que le Maître lui propose de la quinine !...

Tous les enseignements spirituels nous apprennent qu'au lieu de passer notre vie à rechercher à l'extérieur des pouvoirs que nous ne posséderons jamais vraiment, il est préférable de travailler pour avoir ces pouvoirs en nous-même. Voilà sur quoi il faut s'exercer, sur quoi il faut travailler, car la vraie force est au-dedans, dans l'être qui vit, qui pense, qui agit : c'est lui qui décide, qui dispose des matériaux, qui construit. C'est pourquoi les Initiés ont donné des règles, des méthodes pour permettre la manifestation complète, parfaite, absolue de ce principe qui contient tout, qui dispose de tout : l'esprit. Vous connaissez la formule du Maître Peter Deunov : « Niama sila kato silata na douha, samo silata na douha é sila bojia » : « Il n'y a pas de force comme la force de l'esprit, seule la force de l'esprit est force de Dieu ». C'est dans l'esprit que l'homme doit chercher la force. La vraie force est dans l'esprit, dans la volonté, dans l'intelligence de l'esprit.

Entre l'homme et Dieu existent des créatures spirituelles que la tradition chrétienne, en s'inspirant de la tradition juive, a appelées les hiérarchies angéliques. Ce mot de « hiérarchie » indique bien qu'il existe entre ces entités des différences de degré, de niveau. De haut en bas ces ordres angéliques ont pour nom : les Séraphins, les Chérubins, les Trônes, les Dominations, les Puissances, les Vertus, les Principautés, les Archanges et les Anges. Les Anges sont donc les plus proches des humains, et c'est pourquoi ils sont chargés de veiller sur eux. Tandis qu'au sommet de la hiérarchie les Séraphins et les Chérubins ne connaissent même pas l'existence des habitants de la terre et jamais ils ne recevront la tâche de rester auprès d'eux ; ils s'occupent des systèmes solaires, des galaxies, et il est rare, très rare que l'un d'eux vienne à la rencontre d'un être humain. Un Séraphin traverse l'espace avec la rapidité de l'éclair. Si vous êtes là, vigilant, prêt à saisir quelque chose de ses radiations célestes, vous aurez un éblouissement, une illumination dont les effets dureront toute votre vie. Mais vous ne l'arrêterez pas, il continuera sa course à travers l'étendue infinie.

30 Janvier

Parce qu'ils captent les courants venus de l'espace, on peut dire que les sommets des montagnes jouent le rôle d'antennes. À l'époque où les neiges et les glaces commencent à fondre, les eaux, celles qui circulent à la surface de la terre comme celles qui s'enfoncent sous terre pour traverser les différentes couches du sol, sont imprégnées par ces courants porteurs d'énergies.

Les sommets, comme des bouches, absorbent et transforment les forces cosmiques ; et les cours d'eau sont les voies de communication qui les relient aux plaines et aux vallées. C'est pourquoi, quand vous regardez une montagne, faites-le avec la conscience qu'elle est un transformateur de l'énergie cosmique ; et pensez aussi que toutes les eaux qui la parcourent sont imprégnées de cette vie, dont elles vont ensuite abreuver les différents règnes de la nature.

31 Janvier

Vous vous débattez pour améliorer votre vie présente. C'est bien, mais sachez que sur le présent, vous n'avez pas de grands pouvoirs. C'est sur l'avenir que vous êtes tout-puissant, car vous êtes fils de Dieu, fille de Dieu, et l'étincelle que vous portez en vous ne demande qu'à se fondre dans le Feu primordial où elle a son origine.

Alors, trouvez chaque jour quelques minutes pour créer par la pensée votre avenir divin. Vous direz : « Mais nous sommes tellement handicapés, misérables ! Quel avenir merveilleux pouvons-nous imaginer ? » Eh bien, sachez que cette réflexion prouve que vous raisonnez mal. Ce ne sont pas les gens heureux et comblés qui ont le plus besoin de souhaiter, d'imaginer cet avenir. Ce sont les malheureux, et il leur est donné la faculté de désirer beaucoup plus puissamment que les autres. Alors, si vous vous sentez pauvre, déshérité, c'est justement le moment de créer par la pensée un avenir de richesse et de splendeur.

Le Créateur a laissé à ses créatures humaines la liberté de choisir leur destinée ; et même les esprits les plus puissants du monde invisible n'ont pas le droit d'intervenir, ils sont obligés de respecter leur choix. C'est pourquoi, depuis des millions d'années que les humains sont là à s'égarer, à se débattre, à souffrir, ils n'interviennent pas. Ils savent qu'un jour ou l'autre, même les plus entêtés finiront par comprendre qu'ils se sont trompés dans leurs choix ; alors ils attendent, ils sont patients. Celui qui veut devenir un héros, un saint, un fils de Dieu, ils le laissent marcher sur ce chemin. Celui qui veut devenir un criminel, ils le laissent aussi, car ils connaissent les lois, ils disent : « Le pauvre, il va fatalement se casser la tête ! » Ça, ils le voient d'avance, mais ils doivent laisser chacun faire ses expériences et tirer des conclusions. Nous sommes donc libres d'agir comme nous voulons, mais avant d'exercer cette liberté, il est préférable de savoir qu'il existe des lois qui viendront nous punir si nous agissons mal, et nous récompenser si nous agissons bien.

Qu'est-ce qui fait qu'à un moment donné des êtres sont amenés à faire partie de telle ou telle famille ? Prenons seulement la naissance des enfants... Quand un enfant entre dans une famille, il se peut que dans une incarnation antérieure, déjà, il ait eu certaines relations avec ceux qui sont maintenant ses parents. Si c'est un garçon, c'est peut-être comme fiancé, mari ou amant qu'il avait connu celle qui est maintenant sa mère. Et il en est de même pour la fille à l'égard du père. Ils avaient connu l'amour sous une certaine forme et maintenant, pour évoluer, ils doivent s'aimer autrement. Si aujourd'hui un homme et une femme éprouvent l'un pour l'autre une attirance sexuelle, ils reviendront peut-être pour s'aimer comme parents et enfants. Ils s'embrasseront à nouveau, mais leurs baisers seront ceux de la mère (ou du père) et de l'enfant.

Il peut aussi arriver que, dans une incarnation antérieure, certaines personnes, ayant fait du tort à d'autres, doivent maintenant les accueillir comme enfants dans leur famille pour réparer les fautes commises... Qu'ils soient parents, enfants, frères et sœurs, les raisons qui font qu'un certain nombre d'êtres se retrouvent maintenant pour former une famille sont infinies, et chaque cas demande une explication appropriée.

La nature supérieure et la nature inférieure ne se manifestent jamais aussi clairement en l'homme qu'au moment où il subit une vexation, un outrage. « Donne-lui une leçon, rends-lui coup pour coup ! » Voilà ce que dit la nature inférieure. Tandis que la nature supérieure lui conseille : « Ne t'en fais pas, ce n'est pas grave. Au lieu de ruminer et de chercher à te venger, essaie plutôt d'utiliser et de transformer cette boue. Tu es un alchimiste, tu feras de l'or. » Si c'est cette voix que vous écoutez, vous allez vous lancer dans un formidable travail de transformation et vous vous ennoblissez. La nature supérieure dit encore : « Pourquoi te lamenter pendant des heures entières, alors que tu as là une formidable occasion de te mettre au travail ? Tu dois même remercier le Ciel, parce que cette personne t'a été envoyée pour te donner l'occasion de te surpasser. Ne reste pas là à pousser des cris ! » Et le vrai disciple n'écoute pas les conseils de sa nature inférieure qui le maintient dans la faiblesse et la sensiblerie ; il suit les conseils de sa nature supérieure, car il veut devenir fort.

4 Février

L'amour est la loi de la vie, et rien dans le ciel ni sur la terre ne peut vous interdire d'aimer. Mais vous devez apprendre à aimer, c'est-à-dire à donner à votre amour une dimension plus spirituelle. Pourquoi ? Pour faire un travail avec cet amour. « Comment, un travail ?... L'amour, c'est du plaisir, pas un travail ! » Mais qui vous dit que vous n'aurez plus de plaisir ? Vous aurez du plaisir, mais beaucoup plus subtil, beaucoup plus complet, un plaisir que rien jamais n'altérera, alors que le plaisir tel que les humains le comprennent en général se transforme tôt ou tard en cendres. Il y a un plaisir qui ressemble à de l'or et un autre qui ressemble à du plomb. L'or ne se rouille pas, ne s'oxyde pas, il est toujours noble, précieux, rayonnant. Tandis que prenez le plomb : si vous le coupez, la tranche brille un peu quelques minutes, mais très vite après, elle se ternit à nouveau. Lorsque les alchimistes cherchaient à transformer le plomb en or, en réalité ils cherchaient le moyen de remplacer en eux la nature inférieure terne, vile, par la nature supérieure, la nature divine. Et ce remplacement n'est possible que si l'homme commence à remplacer le plaisir par le travail.

Rien n'est plus difficile que de maîtriser le cours des pensées, c'est pourquoi la méditation est un exercice particulièrement délicat qu'on ne peut pratiquer sans prendre des précautions et connaître certaines méthodes. Supposez que vous vouliez arrêter un cheval au galop : si vous vous dressez devant lui, il vous renversera ; le mieux, c'est de courir avec lui tout en essayant de le retenir par la bride ou par la crinière. Il en est de même avec la pensée. Si vous voulez brusquement arrêter son cours pour la concentrer sur un sujet précis, non seulement vous n'y arriverez pas, mais si vous insistez trop, vous n'arriverez qu'à bloquer votre cerveau. Pour vous concentrer, vous devez d'abord dompter le cheval emballé qui est en vous, et pour le dompter, tâchez d'abord de ne pas vous opposer à lui. Commencez donc par laisser ce cheval courir librement pendant un moment, puis quand vous sentirez qu'il a assez gambadé à droite et à gauche et qu'il ne se méfie pas, sautez sur son dos et conduisez-le dans la direction que vous avez choisie.

6 Février

N'allez pas chercher très loin l'origine de vos malaises. Lorsque vous vous sentez inquiet, troublé, c'est que vous n'avez pas su attirer en vous la présence des entités célestes, cette présence qui éclaire, qui apaise. Vous avez peut-être laissé entrer dans votre corps physique des éléments malsains et pollués, ou vous avez ouvert les portes de votre corps mental et de votre corps astral à des pensées et des sentiments impurs. Alors, ne soyez pas étonné si les esprits lumineux se tiennent à l'écart. C'est vous qui les repoussez en entretenant toutes ces saletés. Celui qui se trouve plongé dans le désordre, le froid et l'obscurité, doit en tirer des conclusions et se dire : « C'est moi qui ai tout fait pour en arriver là ; par ignorance ou par faiblesse j'ai laissé pénétrer en moi des influences nocives, et si maintenant je me sens abandonné du Ciel, c'est de ma faute. » Et une fois qu'il a reconnu ses erreurs, il doit commencer immédiatement un véritable travail de régénération.

Lorsqu'on leur dit qu'ils ne trouveront le sens de la vie qu'en se mettant au service du plus haut idéal, la plupart des gens ne comprennent pas. Pourquoi ? Parce que le mot « idéal » est pour eux une abstraction. Ils ne savent pas qu'un idéal est une réalité vivante, un monde organisé dans lequel travaille une multitude d'entités lumineuses. Et quand ces créatures voient que vous voulez participer avec elles à la construction d'un monde d'harmonie et de lumière, elles deviennent vos amies et elles vous comblent de tous leurs bienfaits. Même si vous ne demandez rien, même si vous n'attendez rien, vous sentez que vous avez tout reçu. Voilà ce que vous apporte le travail pour un haut idéal.

Il ne faut pas confondre une satisfaction momentanée avec le bonheur. Vous ne pouvez donc pas dire que vous êtes heureux parce que vous avez obtenu ce que vous désiriez : des succès, des avantages matériels, ou même l'amour d'un homme ou d'une femme... Pourquoi ? Parce que vous ne pouvez jamais être sûr que cela durera. Le vrai bonheur est un état durable, et pour être durable il faut qu'il ait pour base une compréhension et une sensation correctes des choses. C'est pourquoi les Initiés enseignent que le vrai bonheur est un état de conscience qui dépend des pensées dont on nourrit son intellect et des sentiments dont on nourrit son cœur. Sinon, quel bonheur peut-on attendre quand l'intellect et le cœur sont des champs de bataille où s'affrontent des pensées et des sentiments chaotiques et dévastateurs ? C'est de la sagesse et de l'amour, c'est-à-dire la lumière de l'intellect et la chaleur du cœur, que naissent un mouvement harmonieux, une activité constructive, équilibrée. Et c'est cela le bonheur.

Si un clairvoyant est capable de prédire les événements à venir, c'est qu'il a vu ces événements déjà réalisés dans le monde invisible. Car les événements qui se produisent sur la terre sont la conséquence d'événements qui se sont d'abord produits en haut, dans les plans subtils. Il faut un certain temps pour qu'ils arrivent jusque dans le plan physique, mais ils arrivent nécessairement, parce qu'ils sont déjà inscrits en haut. Regardez un serpent : quelle que soit sa longueur, sa queue passera toujours par où sa tête est déjà passée. Car la queue suit toujours la tête. Comme la queue, le monde physique prend toujours la suite de ce qui a déjà eu lieu dans les plans subtils, il le concrétise.

En nous, la tête représente la pensée, et la queue représente les actes. La conséquence pratique de cette vérité, c'est que celui qui a la patience de nourrir longtemps, très longtemps, un idéal spirituel sans jamais se décourager, arrivera un jour à entraîner la queue, c'est-à-dire à changer ses actes, son comportement, et même à transformer son corps physique.

Ce sont les expériences, et surtout les expériences malheureuses, qui instruisent les humains. Pas un n'est épargné. Alors voilà pour eux le vrai travail : il faut qu'ils pensent à s'arrêter sur chaque expérience de la vie quotidienne et à en tirer des leçons, afin de pouvoir aller beaucoup plus loin dans la voie de la sagesse et de l'équilibre. Mais combien sont capables d'apprécier ces leçons et d'en profiter ? Toute la vie ils feront les mêmes expériences malheureuses, et ils se plaindront ; ils n'apprendront rien et ils ne feront rien pour sortir du vacarme et du désordrc intérieurs dans lesquels ils sont plongés. Ils souffrent, bien sûr, ils ne sont pas fiers, bien sûr… mais ils sont habitués à cette vie-là et ils s'y résignent… Eh non, le moment est venu pour eux de comprendre qu'ils doivent sortir de là. Et pour sortir de là, il faut chaque jour méditer sur l'harmonie, l'aimer, la désirer, l'introduire en soi, dans chaque mouvement, dans chaque parole, dans chaque regard.

11 Février

Si vous voulez sauter un grand et large précipice, vous tomberez dedans, et si jamais vous vous relevez, vous aurez reçu un tel choc, que désormais vous renoncerez même à tenter les plus petits efforts. Par contre, si vous apprenez à sauter un fossé de cinquante centimètres, puis de soixante, et chaque jour un peu plus, vous irez très loin, parce que petit à petit vous prendrez confiance en vous. Celui qui se lance immédiatement à entreprendre de grandes choses, s'expose à des déceptions et à des accidents. Combien de personnes ont voulu se lancer dans des pratiques d'occultisme pour obtenir rapidement la clairvoyance, les pouvoirs, etc... et elles ont fini par se détruire ! Donc, commencez par de petites choses. Que de méthodes je vous ai déjà données ! Prononcer quelques mots, faire un simple geste… Mais vous ne les utilisez pas parce qu'elles vous paraissent trop insignifiantes. Or, ce sont ces méthodes justement qui vous amèneront très loin.

Il ne suffit pas de découvrir la beauté de la vie spirituelle pour être capable de s'y consacrer. Seul peut le faire celui qui a déjà beaucoup travaillé dans ce sens au cours de ses incarnations précédentes. Sinon, c'est impossible ; même s'il le veut, il ne peut pas : son être ne vibre pas, ne se réjouit pas, il n'est pas inspiré par cette idée de se consacrer à un idéal sublime, cela ne lui dit rien, au contraire, c'est effrayant pour lui. Théoriquement, philosophiquement, beaucoup sont capables de comprendre la splendeur d'un engagement pareil ; mais pratiquement, ils ne peuvent s'y résoudre parce que tout leur être est pris par d'autres aspirations, d'autres besoins, d'autres désirs. Cependant même si, pour la plupart des humains, il est impossible de consacrer sa vie à un idéal supérieur, il n'est jamais trop tard pour commencer à travailler dans cette direction.

Chacune de nos activités est déterminée par un but à atteindre et par les moyens d'y parvenir. Seulement voilà, les humains ont une tendance déplorable à confondre les buts et les moyens : ils ne voient pas qu'ils sont en train de prendre comme moyens leurs facultés les plus élevées pour atteindre les buts les plus terre à terre. Pour satisfaire leurs appétits inférieurs, ils sacrifieront ce qui existe de meilleur en eux : leur intelligence, leur intégrité, leur pureté. Et ils feront même intervenir le Seigneur pour les aider dans leurs trafics et leurs folies. Et croyez-vous qu'ils se sont aperçus de cette situation ? Pensez-vous ! Ils n'ont jamais pris le temps de se demander : « Mais que cherchons-nous ?… Quels moyens employons-nous pour l'obtenir ? » Eh non, il faut un instructeur pour leur dire : « Mais regarde, mon vieux, quel est ton but. C'est l'enfer ! Et les moyens ? Eh bien, le Seigneur, les anges, la science, l'art, la religion. Oui, tu utilises tout ce qui est merveilleux pour finir par tomber en enfer ! »

Des entités très lumineuses, très puissantes habitent les hautes montagnes ; elles sont attirées par les conditions exceptionnelles de pureté qui règnent sur les sommets. Mais il ne suffit pas de grimper à trois ou quatre mille mètres pour entrer en contact avec ces entités, car elles ne se révèlent qu'à ceux qui se sont engagés de tout leur cœur et de toute leur âme sur le chemin de la lumière. Très peu de gens savent profiter des conditions favorables que leur offre la montagne pour leur évolution spirituelle. Ils vont là-haut pour pouvoir se vanter ensuite de leurs exploits, pour s'amuser, pour faire du bruit ; ils ne sentent pas la présence de toutes les entités qui habitent ces régions et n'ont aucun respect pour elles. Alors la montagne qui est sensible, intelligente, se ferme à eux. Il risque même d'arriver un moment où ces entités délaisseront les montagnes, tant elles sont incommodées par ces animaux qui salissent tout : les humains. Alors, vous, au moins, tâchez par votre attitude de leur montrer que vous appréciez leur présence et leur travail.

C'est d'après leur conformation physique qu'on divise le genre humain en hommes et femmes, mais cette conformation physique ne correspond pas toujours à leur psychisme. Il y a des femmes qui intérieurement sont des hommes : elles sont autoritaires, dominatrices, dures, et des hommes qui intérieurement sont des femmes : fragiles, sensibles, hésitants. Et parce que la sensation que l'on éprouve devant un être compte toujours davantage que la forme extérieure de cet être, c'est ce qui explique que certaines femmes soient attirées par d'autres femmes et que certains hommes soient attirés par d'autres hommes. Cette tendance qui se répand de plus en plus à notre époque provient du besoin psychique qu'éprouve chaque être de trouver chez l'autre ce qui lui manque afin de connaître la plénitude. C'est ce besoin qui fait qu'il est attiré là où il croit pouvoir trouver son pôle complémentaire.

Même parmi les croyants, combien pensent à utiliser les qualités et les dons qu'ils ont reçus pour la gloire de Dieu et le bien du monde entier ? Très peu ; la plupart sont plutôt occupés à les faire servir pour leur seul intérêt, et ainsi ils coupent le lien avec la Source. Évidemment, dans un premier temps, la coupure de ce lien semble n'avoir aucune répercussion : il leur reste des réserves, quelques caisses, quelques boîtes pleines... La poutre ne s'effrite pas immédiatement quand un ver commence à la ronger. Leurs dons, leurs facultés ne disparaissent pas d'un seul coup. Ils remportent encore quelques succès. Seulement cela ne peut durer qu'un temps ; comme de nouvelles forces ne viennent plus les alimenter, la fermentation, la pourriture, les microbes, les vers commencent à les détruire, et un jour, il va se produire un effondrement, une perte ou une maladie ; car ils se sont coupés de la Source divine.

Il est important de comprendre comment se manifeste la puissance de la parole. Quand un conférencier prend la parole, tous les regards, l'attention et les pensées de l'auditoire convergent vers lui. Il se crée donc un lien très puissant entre celui qui parle et ceux qui écoutent. Évidemment, si ce bonhomme émet des idées anarchiques, s'il excite le public à la colère et à la haine, ce lien ne peut être que nocif. Mais supposons que ce conférencier soit un sage, un Initié : en le regardant, en entrant dans sa pensée, en communiant avec lui, comme son désir est toujours de lier les humains au monde de la lumière et de l'amour, l'unité qu'ils forment ainsi prend une dimension plus vaste : elle devient véritablement créatrice. Tous les orateurs devraient être conscients de cette réalité pour comprendre les miracles qu'ils peuvent faire par la puissance de la parole.

C'est en sachant rester au centre que nous acquérons la véritable force. Lorsque vous sentez l'obscurité et le froid vous gagner, il est inutile de vous demander pourquoi, la réponse est là : vous vous êtes éloigné du centre, du soleil. Alors, dépêchez-vous de vous rapprocher à nouveau du centre, et vous sentirez la lumière, la chaleur et la vie augmenter en vous.

Dans l'homme le centre, le soleil, c'est le point le plus élevé de lui-même, son esprit, son Moi supérieur, tandis que la périphérie, c'est le lieu des agitations et des troubles qu'il rencontre quand sa conscience se déplace et abandonne tout ce qui est son Moi véritable. C'est pourquoi vous devez toujours vous surveiller et vous dire : « Voyons, où je suis aujourd'hui ?... Ah ! je sens que je me suis égaré dans la périphérie. Qu'est-ce qui m'attend ? » Rien de bon, c'est sûr, alors dépêchez-vous de revenir vers le centre. Et comment ? Par la prière, par la méditation, par un lien établi consciemment avec le Centre sublime, Dieu.

Parce qu'ils ont tous plus ou moins étudié cela à l'école, les humains savent que les corps chimiques ont des propriétés, et que leur action ainsi que leur transformation ne sont possibles qu'à certaines conditions de température, de proportions… Mais quelle en est réellement pour eux l'utilité, s'ils ne savent pas que leur vie intérieure aussi obéit à ces mêmes lois ? Or, justement, ils ne le savent pas, et ils s'imaginent que de n'importe quelle façon, dans n'importe quelles conditions, en introduisant en eux n'importe quels éléments (pensées, sentiments, désirs), ils obtiendront tout de même ce qu'ils souhaitent. Eh non, les pensées, les sentiments, les désirs sont comme des corps chimiques, ils ont des propriétés tout aussi diverses, et leur rencontre, leur combinaison, produit également des réactions très variées. Les mêmes lois régissent le monde physique et le monde psychique, et pour notre équilibre, pour notre épanouissement, il est plus important de connaître la chimie psychique, sinon on risque de s'empoisonner, de se brûler ou de produire des explosions.

Un repas une fois terminé, la digestion des aliments dure trois ou quatre heures. Cependant la faim est aussitôt apaisée et dès qu'on sort de table, on se sent revigoré, prêt à agir et à retourner au travail. Cela prouve que la partie la plus subtile des aliments est absorbée par la bouche pendant la mastication et que ce sont ces éléments subtils qui nous donnent énergie et dynamisme. C'est seulement la partie la plus matérielle de la nourriture qui est assimilée par l'estomac et l'intestin.

Maintenant, ne soyez pas étonnés si je vous dis que la méditation est comparable à la mastication d'une idée. Quand vous méditez sur une image symbolique, sur une notion philosophique, sur une idée divine, c'est comme si vous la « mâchiez ». Et ce processus ne peut pas rester sans résultat : vous recevez alors dans votre superconscience un puissant courant d'énergies, grâce auquel vous pouvez continuer votre travail dans le champ du Seigneur.

La pensée, la volonté, l'imagination : pour résoudre ses problèmes, l'être humain dispose de facteurs extrêmement efficaces. Mais comme il est habitué à n'avoir recours qu'à des moyens extérieurs, évidemment ces facultés ne se développent pas. Combien de gens disent : « La pensée, la pensée... mais j'ai essayé et il n'y a pas de résultats ! » Pourquoi ?... Supposez que vous vouliez remédier par la pensée à une faiblesse physique ou psychique : pour la former, vous avez peut-être mis des siècles, plusieurs réincarnations ; alors, comment pouvez-vous imaginer qu'en vous décidant maintenant à vous concentrer dessus pendant deux ou trois minutes, vous allez vous en débarrasser ? Peut-être faut-il de nouveau des siècles ! Le monde psychique comme le monde physique est gouverné par des lois, et une de ces lois est que si pendant des années on n'a cessé d'accumuler des erreurs, on a besoin de beaucoup de temps et d'efforts pour les réparer. C'est logique. On peut tout de même accélérer le processus, mais à condition d'apprendre à travailler avec les moyens de la pensée, de l'âme et de l'esprit.

Quand vous rencontrez des difficultés dans votre vie, ne vous révoltez pas et n'essayez pas non plus de les éviter. Comprenez que c'est l'Intelligence cosmique qui vous place dans ces conditions pour vous pousser à aller plus loin et plus haut. Ne demandez pas que votre vie soit lisse. Aucun alpiniste ne pourrait faire l'ascension d'une montagne s'il avait devant lui des parois parfaitement lisses. Pour se hisser, il lui faut des aspérités pour placer ses mains, ses pieds et attacher sa corde. C'est ainsi que, peu à peu, il parvient jusqu'au sommet. Eh bien, pour les mêmes raisons il est nécessaire de rencontrer dans la vie des difficultés et des obstacles.

23 Février

Même si c'est inconscient, à leur insu tous les hommes, toutes les femmes cherchent cet être qui leur est complémentaire et que l'on appelle l'âme sœur. Mais ce que la plupart ne savent pas, c'est que l'âme sœur est une notion de la vie intérieure. Pour trouver son âme sœur dans un homme ou une femme, il faut d'abord l'avoir trouvée intérieurement, par la méditation, la contemplation, sinon toutes les expériences seront plus ou moins vouées à l'échec. Voilà une vérité très importante à connaître. Si l'homme a trouvé en lui le principe féminin et la femme le principe masculin et qu'ils veuillent le servir et travailler pour lui, ces deux êtres peuvent s'aimer et unir leur existence : leur amour sera une source de bénédictions. À travers son bien-aimé, la femme verra le Père céleste, et l'homme à travers sa bien-aimée verra la Mère divine… À ce moment-là, tous les trésors s'ouvriront devant eux et ils vivront jour et nuit dans le ravissement et la beauté.

Sous prétexte qu'il faut maintenant faire preuve d'esprit critique et démythifier les notions philosophiques et religieuses léguées par des générations antérieures trop crédules, nos contemporains ont perdu le sens du sacré, ce qui les amène à passer à côté des plus grandes vérités de la Science initiatique. Cette tendance est très préjudiciable à leur évolution, car à ce moment-là, la nature se ferme à eux et ils sont privés de ses révélations. La nature ne se découvre que devant les êtres qui ont le sentiment du sacré. Cultiver le sentiment du sacré, c'est trouver la bonne attitude intérieure grâce à laquelle les moindres détails de la vie quotidienne prennent une dimension, une couleur et une saveur jusque-là insoupçonnées. N'attendez pas grand-chose de l'extérieur ; même si un Initié venait vous faire les plus grandes révélations, elles ne vous seraient peut-être d'aucune utilité. Pour qu'elles trouvent un véritable écho en vous, vous devez développer le sens du sacré.

Ne cherchez pas à éviter les occasions où vous pourrez faire preuve de maîtrise. Et les occasions ne manquent pas où vous pouvez apprendre à résister à la faim, à la soif, à la chaleur, au froid, à la fatigue. Il ne s'agit évidemment pas de vivre dans les privations, ni même de devenir des yogis, non. Mais regardez : en général celui qui a faim ou soif se précipite pour trouver immédiatement de quoi se satisfaire, et s'il ne trouve pas immédiatement, il se plaint, il ronchonne, il se fâche. Observez-vous, et vous constaterez qu'en toutes sortes de circonstances, vous ne supportez pas de ne pas pouvoir satisfaire aussitôt vos envies et même vos caprices. Alors, comment allez-vous résister à la colère, à la jalousie, à la haine, au désir sexuel ? Vous aurez beau savoir qu'il vaut mieux résister et vous aurez beau essayer de résister, si vous n'avez pas déjà appris à renforcer votre volonté par des exercices plus faciles, vous n'y arriverez pas.

La plupart des connaissances que les humains cherchent à acquérir leur servent à gagner leur vie ou à briller devant les autres ; elles ne leur sont d'aucune utilité pour affronter les épreuves de la vie, les chagrins, les découragements. Le savoir initiatique, au contraire, ne leur permet peut-être pas de trouver un métier et encore moins d'épater la galerie, mais il les soutient dans leur vie intérieure. Au premier abord, vous ne comprendrez pas tellement l'intérêt de ce savoir : il agit lentement, en profondeur, il ne donne pas immédiatement de grands résultats et, même quand vous aurez réussi à remporter quelques victoires, il est possible que personne autour de vous ne se rende compte dans quel monde de paix, de lumière, de beauté vous vivez intérieurement. Mais un jour vous réaliserez que cette masse toujours plus grande de connaissances qui s'offrent à vous ne vous apporte pas l'essentiel et vous vous tournerez vers le savoir initiatique. Ce savoir concerne l'homme lui-même : il lui donne la possibilité de travailler sur sa propre matière pour devenir maître de soi dans toutes les situations.

Aucun être raisonnable ne vous dira que vous pouvez vivre sans argent, car sans argent vous deviendrez un clochard ou un parasite. Et ce ne serait pas non plus une solution de le supprimer, comme le suggèrent certains, sous prétexte qu'il est la cause de tous les malheurs de la société. L'argent est un moyen d'échange, et si on le supprimait, on serait obligé de le remplacer par autre chose, car la vie en société est fondée sur les échanges : lorsqu'on aurait trouvé une autre sorte de monnaie, on serait placé devant le même problème.

Si l'argent fait des dégâts, ce n'est pas lui le fautif, mais la personne qui s'en sert et qui, à travers lui, s'efforce de satisfaire ses convoitises : du moment qu'elle a de mauvaises intentions dans la tête, l'argent est là pour l'aider à les réaliser. Mais qu'elle mette des projets altruistes, généreux dans sa tête, le même argent deviendra dans ses mains une source de bénédictions.

Ne donnez jamais votre cœur, il vous appartient, et personne n'a le droit d'en disposer à votre place. Si vous donnez votre cœur à quelqu'un, vous n'en avez plus ; l'autre en a deux, mais que fera-t-il avec deux cœurs ? Il laissera tomber le vôtre. Nous disons en Bulgarie qu'on ne peut pas porter deux pastèques sous le même bras. Et quand vous n'aurez plus de cœur, vous pousserez des cris : « Mon cœur est brisé ! » Mais c'est ta faute, pourquoi l'as-tu donné à tel ou telle ? Tu devais le garder pour toi. « Oui, mais je l'aime, je l'aime ! » C'est entendu, tu l'aimes, mais tu pouvais lui donner ta tendresse, ton amour, tes chansons… et garder ton cœur pour toi.

Et ne croyez pas que ces précautions soient uniquement valables pour le cœur. La nature nous a donné aussi un corps, une intelligence, une volonté, et celui qui est sage tâche de les garder pour lui : il n'en distribue que les fruits, c'est-à-dire les pensées, les sentiments, l'activité, le travail.

De nos jours, une des principales préoccupations des gens est de pouvoir se nourrir avec des produits sains. Bien sûr, il est extrêmement souhaitable que la nourriture ne soit pas polluée ; mais il est important aussi que les personnes qui la préparent soient conscientes que les aliments qui passent entre leurs mains s'imprègnent de leurs émanations et les transmettent à tous ceux qui vont les manger.

La nourriture se prépare avec les mains, et les mains d'une personne sont les agents magiques qui transmettent toujours quelque chose de sa propre quintessence. Les cuisiniers, les boulangers, les pâtissiers, ainsi que toutes les personnes qui font chaque jour la cuisine pour les membres de leur famille, doivent connaître cette loi chimique, magique. Ainsi, ils s'habitueront à toucher les aliments avec la conscience que ce qu'ils ont là, entre leurs mains, va contribuer à l'édification du corps de personnes proches ou lointaines, connues ou inconnues. C'est là une immense responsabilité : il vaut donc la peine qu'ils s'efforcent de préparer la nourriture dans le meilleur état intérieur, avec des pensées de santé, de paix et de lumière pour tous ceux à qui elle est destinée.

Pour créer un lien avec un objet ou un être, il faut se placer dans les mêmes conditions de vibrations. C'est une loi physique, et le principe de la radio est basé sur cette loi. Les Initiés, qui l'ont connue bien avant et bien mieux que les physiciens contemporains, savaient que cette loi est non seulement valable dans le plan physique, mais aussi dans les plans psychique et spirituel. Par la concentration, la récitation de formules, le port de certains vêtements ou même d'un masque, l'Initié égyptien, par exemple, parvenait à s'identifier avec le dieu Osiris ou le dieu Horus ; il devenait un moment l'incarnation de cette divinité, parce qu'il arrivait à vibrer exactement à la même longueur d'onde, et cette entité sublime parlait vraiment à travers lui, se manifestait à travers lui…

En réalité il n'est même pas nécessaire de porter des vêtements ou des masques. Si vous apprenez à vivre et à travailler d'après les règles de la Science initiatique, vous vibrerez à l'unisson avec les entités célestes, vous recevrez leurs messages et vous bénéficierez de leurs vertus.

Selon les organes auxquels elles appartiennent (le cœur, l'estomac, les poumons, le cerveau...) les cellules de notre corps sont des individus de nature différente et qui ont aussi des activités différentes. Elles pourraient donc se sentir étrangères les unes aux autres et même hostiles. Mais dans un corps en bonne santé, ces cellules sont comme des entités conscientes d'appartenir à un seul être qui les embrasse et les unit toutes : l'homme lui-même.

Il en est de même pour chaque créature humaine. Vis-à-vis du Créateur, chacune est une cellule de son corps, la nature. Le Créateur est le seul être réellement existant, et tous les humains ne sont que les cellules du grand corps cosmique. Mais comme la conscience de ces cellules n'est pas unifiée, elles s'opposent, se heurtent... Les humains se croient justifiés dans leurs luttes et leurs affrontements, souvent même ils en sont fiers : ils s'imaginent défendre de grandes causes ! Non, il n'y a pas de quoi être fier, car ces affrontements ne sont que le résultat de leur ignorance. Mais le jour où ils sentiront qu'ils appartiennent au grand corps de Dieu, là oui, ils pourront légitimement ressentir de la fierté.

Chaque jour les gens font de nouvelles rencontres et nouent de nouvelles relations, mais sur quoi ces relations seront-elles fondées ? En se rencontrant ainsi vont-ils se préoccuper de savoir si dans le domaine des idées, des convictions, ils ont vraiment des affinités ? Non, ils éprouvent une sympathie immédiate l'un pour l'autre, et cela suffit, ils s'arrêtent sur la sympathie. Évidemment, ce n'est pas mauvais, la sympathie, mais c'est insuffisant : car au fur et à mesure que les jours passent, il se présente des occasions où il est important de s'entendre dans le domaine des idées. Or, ils ne s'entendent pas, ils se heurtent de plus en plus, et il ne reste bientôt rien de cette sympathie, qui finit même par se transformer en une haine implacable. Car c'est toujours ce qui arrive, que ce soit dans le domaine de l'amour ou de l'amitié, quand on néglige le domaine de l'entente intellectuelle.

5 Mars

La vie psychique comme la vie physique obéit à la loi de l'action et de la réaction. Alors, soyez vigilant ! Quand il vous est donné de vivre une grande joie, n'allez pas jusqu'au bout de cette joie, sinon vous allez basculer rapidement dans l'état inverse. Oui, vous avez vu un ivrogne qui, ayant bu un coup de trop, marche dans une ruelle en titubant ? Il se cogne à un mur, il sent que c'est un obstacle, il recule et va se heurter au mur d'en face, et ainsi de suite… les deux murs se renvoient le pauvre ivrogne ! Tâchez donc de ne jamais aller dans les extrêmes, sinon un extrême vous renverra toujours vers un autre extrême, et vous serez éternellement ballotté entre des états que vous n'arriverez pas à maîtriser. Il faut connaître la mesure ; même pour la joie il y a des précautions à prendre.

Pour notre évolution nous devons, au cours de nos incarnations successives, faire l'expérience de toutes les situations, de toutes les conditions qu'un être humain est appelé à connaître. Cette vérité doit vous amener à élargir votre conception de l'existence. Car cela signifie que non seulement vous pouvez changer de sexe d'une existence à l'autre, mais aussi vous incarner dans des pays différents, dans des milieux sociaux différents, appartenir à des religions différentes. Alors, quel sens peuvent bien avoir, finalement, les idées de nationalisme, de lutte des classes, de lutte des sexes, de combat pour la vraie foi ? Cela ne repose objectivement sur aucune base solide. Notre esprit voyage à travers le temps et l'espace, et les séparations entre les uns et les autres ne sont que des créations artificielles produites par les cerveaux humains ignorants. Un jour il ne restera plus rien de ces points de vue limités, car aucun n'a raison dans ses revendications. Seul a raison celui qui travaille pour l'unité, pour le Royaume de Dieu sur la terre.

De nos jours, n'importe quelle cacophonie est appelée musique, n'importe quel barbouillage est appelé peinture et n'importe quel charabia, poésie. Que peut-on attendre d'un art pareil ? Et pourtant, c'est l'art qui sauvera le monde, un art conscient, éclairé par les vérités de la Science initiatique. Mais comment peut-on savoir ce qu'est un véritable artiste, puisque le premier hurluberlu venu peut être maintenant désigné sous ce nom ?

Un véritable artiste est l'interprète de la philosophie, de la science et de la religion. Car être artiste, c'est réaliser dans le plan physique ce que l'intelligence conçoit comme juste et vrai, et ce que le cœur sent comme bon, afin que le monde supérieur, le monde de l'esprit descende pour se manifester dans la matière. L'artiste parfait est celui qui a su mettre de l'ordre et de la raison dans ses pensées, introduire la paix et l'amour dans son cœur, et c'est ainsi que tout ce qu'il réalise devient beau et harmonieux.

L'amour est pour les humains un prétexte pour justifier tous leurs comportements. Quand ils ont dit « Je l'aime, je l'aime… » ils ont tout dit, et la pensée ne leur viendra pas de se poser quelques questions sur la nature de cet amour. Du moment que le sentiment est là, il faut lui céder. Et même le raisonnement est interdit : l'intellect se tait. Devant le cœur qui est occupé à aimer, l'intellect n'a pas voix au chapitre, le cœur riposte : « Tais-toi ! Je parle, l'amour parle, qu'est-ce que tu as à dire, toi ? » En réalité si le sentiment et la pensée travaillaient en collaboration, l'amour se manifesterait sous des formes et des couleurs plus belles.

Moins un être est évolué, plus il cède devant l'insistance de son amour sans analyser s'il est désintéressé, pur ou utile. Du moment qu'il aime, il n'y a pas à réfléchir ; et c'est pourquoi il y a tellement de romans, de pièces de théâtre et de films pour raconter les aventures souvent désastreuses de ceux qui aiment.

Parce qu'elles pénètrent en profondeur les grands mystères de la création, des sciences comme l'alchimie, la magie, l'astrologie et la Kabbale peuvent nous aider à avancer plus rapidement sur le chemin de l'évolution. Mais ces sciences sont d'un abord difficile, et pour bien les comprendre, il est souhaitable de commencer par les étudier dans l'homme, dans les activités de sa vie quotidienne. Car dans la nutrition on retrouve l'alchimie, dans la respiration l'astrologie, dans la parole et le geste la magie, et dans la pensée la Kabbale. Il ne faut pas chercher à aborder la Science ésotérique en la séparant de la vie. Apprenez donc comment manger, respirer, agir, parler, penser, et vous posséderez ainsi les bases de ces quatre sciences fondamentales.

Quand on observe ce qui se passe dans le monde, il faut reconnaître que rien n'y est tellement bon ni beau : tous ces désordres, ces injustices, ces misères, ces tragédies ! Mais pour l'Esprit cosmique, il n'y a ni laideur, ni mal. Pour l'Esprit cosmique, l'univers est une harmonie dans laquelle n'entre aucune dissonance. Seulement, pour avoir un pareil point de vue sur le monde, il faut pouvoir le regarder de très loin, de très haut.

Quand vous faites la cuisine et que vous broyez et malaxez les aliments, si ces aliments avaient une conscience, ils ne cesseraient de se plaindre du sort qui leur est fait. Mais vous qui avez un autre point de vue sur la situation parce que vous savez ce que vous faites, vous dites simplement : « Je prépare un plat dont tous vont se régaler. » Eh bien, tel est le point de vue de l'Esprit cosmique.

Même s'il est par certains aspects une créature autonome, indépendante, l'être humain vit dans l'organisme universel, il en fait partie, il est une cellule de ce corps gigantesque, le corps de l'univers, que la Kabbale appelle Adam Kadmon, l'homme cosmique. Quoi qu'il veuille, quoi qu'il fasse, il ne peut se détacher de ce corps, car c'est de lui qu'il reçoit la vie et tous les éléments qui lui permettent de subsister : la nourriture, l'eau, l'air, la lumière. Si par sa conscience il se coupe de cette réalité, cela ne l'empêchera pas de continuer à vivre physiquement, mais par cette attitude il se prive du soutien que peuvent lui apporter toutes les entités lumineuses qui peuplent cet organisme cosmique. Celui qui veut connaître la vraie vie doit donc penser chaque jour à s'harmoniser avec l'univers, avec les habitants de ses différentes régions. Même s'il ne les connaît pas, même s'il ne sait pas où ils se trouvent, il peut par la pensée entrer en relation avec eux.

Les médecins et les pharmaciens ont adopté le caducée d'Hermès comme symbole de leur profession. Pourquoi ? Parce que dans sa véritable dimension ésotérique, le caducée est une représentation synthétique de l'être humain. Le bâton représente la colonne vertébrale, et les deux serpents entrelacés représentent les deux courants qui descendent des deux hémisphères droit et gauche du cerveau.

En réalité, il ne s'agit pas de deux serpents enroulés autour de la baguette magique, mais d'un seul, qui se polarise. Le bâton représente toujours le principe masculin, et le serpent ou la spirale, le principe féminin qui entoure le principe masculin afin d'exalter les puissances contenues en lui. Le bâton est une expression du plan mental, tandis que le serpent polarisé en positif et négatif est une expression du plan astral qui est traversé par deux courants : l'un ascendant, l'autre descendant. Le caducée d'Hermès est donc un symbole des deux principes : masculin (la baguette) et féminin (le serpent polarisé en positif et négatif, car le principe féminin est toujours exprimé par le 2). Il représente l'être humain avec toutes les facultés qu'il doit développer afin de manifester la puissance divine.

Dans la vie courante, les parents sont tenus responsables des fautes commises par leurs enfants. Lorsque des enfants font des dégâts à l'école ou ailleurs, c'est aux parents qu'on va se plaindre et on leur demande de réparer les dommages. S'ils refusent, ils sont traînés devant la justice. Eh bien, tout se passe de la même façon en nous. Si nous nous laissons aller à de mauvaises pensées, de mauvais sentiments, ce sont comme des enfants terribles qui vont partout dans le monde invisible commettre des dégâts. Vous direz que vos pensées et vos sentiments sont incontrôlables et que vous n'en êtes pas responsable. Eh bien, détrompez-vous. De même que vous êtes responsable de vos actes, vous êtes responsable de vos sentiments et vos pensées, et c'est même un des principes essentiels de la Science initiatique. Car les pensées et les sentiments sont des entités vivantes et agissantes que l'homme a le pouvoir d'éduquer en lui-même. Les lois humaines ne vous jugent que sur vos actes, c'est vrai ; mais dans un enseignement initiatique, vous devez apprendre que les lois divines vous jugent aussi sur vos pensées et vos sentiments.

Écoutez parler les gens : ils savent tout, personne n'a rien à leur apprendre pour la conduite de leur vie quotidienne, ils sont au point. Et c'est cette attitude qui les empêche de progresser. Jusqu'au jour où, ayant fait quelques expériences malheureuses, le rideau se déchire et ils se rendent compte qu'ils ne connaissaient en réalité pas grand-chose. Mais au moins ce jour-là enfin, il y a un espoir !

Une des meilleures méthodes pour progresser, c'est de voir à quelle distance nous sommes de ceux qui nous ont dépassés, car c'est cette comparaison qui nous donne l'impulsion pour aller plus loin. Tant qu'on se compare avec les gens médiocres ou mauvais, on se trouve tellement mieux, et puisqu'on est déjà si avancé, on s'arrête là. Combien de gens se sont arrêtés dans leur évolution parce qu'ils ont négligé de se comparer avec des êtres qui les dépassaient et de les prendre pour modèles !

Pour vivre, toutes les créatures sont obligées de manger et de boire, mais ensuite elles doivent éliminer des déchets. Et quels sont ces déchets ? Tous les éléments qui ne sont plus utiles à l'organisme. Pourtant ces éléments se trouvaient dans une nourriture et des boissons qui étaient bonnes, puisqu'elles leur ont permis de continuer à vivre. Oui, voilà un fait de la vie quotidienne sur lequel il vaut la peine de s'arrêter. Quelle que soit la qualité de ce que nous mangeons et buvons, il y a des déchets à éliminer et ces déchets sont expédiés dans des endroits déterminés. Ce phénomène se retrouve dans tous les plans et à tous les niveaux de la création. C'est pourquoi on peut dire que l'Enfer avec ses habitants doit être considéré comme le lieu où s'entassent les impuretés de toutes les créatures. Cet Enfer dont la chrétienté a tellement parlé depuis des siècles et qu'elle a dépeint sous des formes et des couleurs fantasmagoriques, est en réalité le réservoir où se déverse « le mal », c'est-à-dire les impuretés rejetées par toutes les créatures.

Parce qu'ils ont l'habitude de réfléchir, on s'attend à ce que les gens instruits et cultivés aient, dans les difficultés, des réactions mesurées, raisonnables. Mais le plus souvent, ce n'est pas du tout ce que l'on voit : un rien les met dans des états d'agitation, de colère ou de dépression, et une fois dans ces états ils n'ont aucun pouvoir pour y remédier. Ils n'ont jamais pensé à exercer leur volonté, à travailler sur leur caractère, et toute leur instruction, toute leur érudition est incapable de les aider. Il faut qu'ils comprennent que l'essentiel, c'est de vivre, et non d'être professeur, ingénieur ou économiste. À quoi cela leur sert-il de se pavaner avec les richesses des autres qu'ils ont prises dans les livres ? Ce qu'ils sont arrivés à réaliser, eux, voilà ce qu'ils doivent montrer. S'ils en sont incapables, qu'ils laissent leurs connaissances livresques tranquilles et qu'ils aillent enfin s'exercer à acquérir ce qui est plus important : la force de caractère !

Vous allez écouter un Maître, vous lisez ses livres… mais il ne pourra inscrire les grandes vérités dans votre âme que si vous vous mettez dans une attitude de réceptivité et de confiance. Ces vérités s'inscrivent en vous à votre insu ; et un jour où vous êtes chez vous, ou que vous marchez dans la rue, ou dans la campagne… d'un seul coup elles resurgissent et vous êtes ébloui.

Quelqu'un dira : « Mais cette influence-là, c'est de la magie, et j'ai peur de la magie ! » En réalité, nul ne peut jamais échapper à la magie. Jour et nuit tous vivent dans la magie. Tout est magie : les regards, les paroles, les gestes, la nourriture, tout. Mais les humains, qui n'ont pas encore compris cela, ne font rien pour se libérer de la magie déplorable et nocive dans laquelle ils sont plongés chaque jour, et encore moins pour accepter à la place une autre magie qui peut les vivifier, leur donner l'espoir, l'élan, l'amour, et les rendre vivants, fils et filles de Dieu. Alors, fermez-vous autant que vous voulez à l'influence des gens malfaisants, mais envers un Instructeur qui ne pense qu'à votre bien, pourquoi vous fermer ?

Au service de qui nous mettons-nous ? C'est avant tout ce que le Ciel regarde. Quand il voit des êtres occupés à servir leur propre dieu, leur égoïsme, leur nature inférieure, il se détourne d'eux. Il ne distribue pas sa richesse à ceux qui ne pensent qu'à vivre leur vie de malhonnêtetés et de plaisirs. Et si le Ciel les abandonne, qui les aidera, qui les sauvera ? Leur argent ? Leur gloire ? Leur célébrité ?…

Pour le Ciel, il existe seulement deux catégories d'êtres : ceux qui travaillent uniquement pour eux-mêmes, pour assouvir leurs propres désirs, et ceux qui font des efforts pour aider leurs frères, pour participer au travail de milliards et de milliards d'entités dans le monde invisible, qui se sont attelées à la réalisation du Royaume de Dieu sur la terre. Ceux-là sont inscrits dans le grand Livre de la Vie comme des bienfaiteurs de l'humanité et le Ciel ne les abandonne jamais.

En vous promenant, vous pouvez apercevoir parfois une petite fille assise dans une prairie, occupée à surveiller des vaches. Auprès d'elle est couché un chien qui l'aime beaucoup et qui lui obéit. Soudain il arrive qu'une vache s'éloigne pour aller dans le pré du voisin ; alors la petite fille envoie le chien, qui se précipite en aboyant pour obliger la vache à revenir sur le terrain de son maître. Puis le chien, tout content, revient se coucher près de la petite fille, prêt à obéir de nouveau à ses ordres…

Cette petite anecdote peut vous donner une idée du rôle que le Seigneur a donné au diable. Tant que l'homme est attentif et ne transgresse pas les lois, tant qu'il ne va pas s'aventurer dans les régions interdites, il n'est ni tourmenté ni poursuivi, mais dès qu'il s'écarte, le Seigneur dit au diable : « Allez, poursuis-le, fais-le revenir » et le diable va lui mordre un peu les mollets : il lui crée des troubles et des tourments. Le diable est en apparence un chien hostile à l'homme, mais dès que l'homme commence à s'assagir, il le laisse tranquille.

À quoi ressemble généralement l'amour des humains ?… À celui qu'éprouve le paysan pour les poules de son poulailler. Il est très généreux, très gentil pour elles : chaque jour il les soigne, il leur lance du grain. Et pourtant, l'une après l'autre les poules disparaissent. Que se passe-t-il ? Eh bien, c'est l'homme qui vient les chercher, il leur coupe la tête, puis sa femme les met à la casserole. C'est ainsi qu'après les avoir soignées, ils les mangent en disant : « Hm ! que ce poulet est succulent ! Et il est cuit à point ! » Voilà ce que la plupart des humains appellent aimer. Ils ressentent l'amour comme un appétit pour une chair tendre et qu'il faut assouvir. C'est une tendance instinctive qui leur vient du fond des âges et sur laquelle ils doivent travailler.

Dans la nouvelle vie, on apprendra que la première règle à observer quand on aime quelqu'un, c'est de penser à lui, et non à soi. L'amour, c'est d'abord de vouloir découvrir, chez l'être que l'on aime, les besoins de son âme, l'aider dans son évolution, lui donner de bonnes conditions pour qu'il se libère.

Nous croyons connaître l'eau parce que nous nous en servons tous les jours pour boire, nous laver, ou faire cuire les aliments. En réalité, l'eau est une matérialisation du fluide cosmique qui remplit l'espace. Par la pensée il est possible d'entrer en relation avec ce fluide et de se purifier à son contact. La première condition pour cela, c'est de prendre conscience qu'à travers l'eau physique on touche un élément de nature spirituelle. Efforcez-vous donc de vous laver avec des gestes mesurés, harmonieux, afin que votre pensée aussi puisse se dégager et faire son travail. Concentrez-vous sur l'eau, sur sa fraîcheur, sa limpidité, sa pureté, et vous sentirez bientôt qu'elle touche en vous des régions inconnues pour y produire des transformations. Non seulement vous serez allégé, purifié, mais votre cœur, votre intellect seront nourris par de nouveaux éléments plus subtils et vivifiants. L'eau physique contient les éléments et les forces de l'eau spirituelle, il faut seulement apprendre à les éveiller pour les recevoir.

Vous allez méditer le matin devant le lever du soleil, mais cet exercice ne vous apportera pas grand-chose si vous ne vous y préparez pas, déjà, depuis la veille. Et surtout, au moment où vous vous mettez en chemin pour rencontrer l'aurore, vous devez garder bien présente dans votre tête et dans votre cœur la conviction que vous allez non seulement assister, mais participer à cet événement formidable qui se produit dans l'univers. Qu'y a-t-il de plus beau et de plus essentiel que la naissance du jour ? Vous direz que votre présence n'y changera rien, le soleil se lèvera que vous soyez là ou non. C'est certain, le soleil n'a pas besoin de vous pour se lever. Mais c'est pour vous que c'est important, car il existe une relation entre les événements de la nature et ceux de votre vie intérieure. Quand vous saurez comment regarder le soleil se lever, à cet instant où jaillit le premier rayon, vous sentirez toutes les puissances pures et lumineuses qui entrent en action, et vous comprendrez combien il est important de travailler avec elles afin que le jour s'éveille aussi dans votre conscience.

Si les humains acceptaient d'étudier comment l'univers a été créé, les régions dont il est formé, les créatures qui peuplent ces régions, et les lois qui les gouvernent, ils comprendraient qu'ils se trouvent dans le corps de la nature vivante et qu'ils doivent se conduire en harmonie avec ce Tout. Donc, attention : tous ceux qui acceptent la philosophie de l'anarchie sans voir les dangers du chemin sur lequel ils s'engagent, seront tôt ou tard détruits. Oui, tous ceux qui s'obstinent à créer des troubles par leur attitude anarchique, la nature « prend une purge », et elle les rejette. Les anarchistes ne sont jamais acceptés longtemps, et si ce ne sont pas les humains qui les éliminent, c'est la nature elle-même qui s'en charge, parce que la nature ne tolère pas la désharmonie. Elle la considère comme une tumeur, un cancer dans son corps, et elle y remédie en expulsant tous ces indésirables.

L'existence est ainsi faite qu'il est impossible de ne pas ressentir des inquiétudes, des contrariétés à un moment ou à un autre de la journée. Mais dès que vous sentez un malaise intérieur, ne le laissez pas se prolonger sans rien faire. Arrêtez-vous et examinez cet état : qu'éprouvez-vous exactement, quelle en est la cause ? Essayez de vous souvenir de ce que vous avez vu et entendu, ou de ce que vous avez vous-même fait, dit, ressenti ou pensé... Il est vrai que parfois on ne prend pas immédiatement conscience de cet état ; ce n'est qu'après un long moment qu'on se rend compte d'un trouble, d'une lourdeur, d'une obscurité dont on se sent incommodé. Mais cet état a nécessairement une cause qu'il est bon de découvrir afin d'en tirer un enseignemcnt pour l'avenir. Si vous ne la trouvez pas, ne restez tout de même pas là sans réagir. Concentrez-vous et tâchez de vous dégager de ce malaise en vous liant au monde de la lumière, qui est notre seul salut. Plongez-vous dans la lumière, imaginez que vous nagez dans ce fluide purificateur, vivifiant, et bientôt vous vous sentirez dégagé, allégé, et vous pourrez poursuivre vos activités.

Même si un fleuve garde toujours le même nom : Seine, Tamise ou Mississipi, l'eau qui coule dans son lit est chaque jour nouvelle. Les habitants du fleuve, les milliards de gouttes d'eau, ne font que passer ; tandis qu'elles se dirigent vers la mer, d'autres prennent leur place. Lorsqu'elles arrivent à la mer, elles sont chauffées par le soleil et montent dans l'atmosphère sous forme de vapeurs, de nuées… Jusqu'au jour où elles retomberont sous forme de pluie ou de neige et redescendront des montagnes en torrents et en rivières.

Comme les fleuves, les pays portent toujours le même nom, mais il s'y incarne successivement des êtres toujours différents et qui viennent d'ailleurs. On peut aussi comparer un pays à une maison dont le destin est d'être habitée pendant quelques années par certains locataires, puis les années suivantes par d'autres… Et suivant le cas, on entend de la musique, des chants, ou bien des cris, des disputes, ou encore ce peut être un silence pesant qui s'abat sur la maison. Et pourtant, cette maison est toujours la même. C'est ainsi que s'expliquent les changements qui se produisent dans l'histoire de nombreux pays.

Quoi qu'il vous arrive, des contrariétés, des déceptions, efforcez-vous de ne pas perdre votre amour et votre enthousiasme. La colère, les récriminations, le découragement ne changent rien aux événements qui vous chagrinent, et par cette attitude vous vous privez encore de quelque chose de précieux. Donc, double inconvénient.

Rien ne peut vous justifier de vous laisser aller à des états négatifs. « Mais, direz-vous, je suis dans cet état parce que les gens m'ont trompé, ils m'ont trahi, ce n'est pas moi qui… » Si, c'est vous : vous raisonnez mal, personne ne vous force à être dans cet état. Même si des gens ont voulu vous nuire, vous n'êtes pas obligé de subir passivement leur méchanceté et d'ajouter encore à cet inconvénient le malheur de perdre votre amour et de vous dessécher. Alors, vous voyez, mauvais raisonnement ! Et si vous ne redressez pas la situation, si vous abandonnez ainsi l'espérance, l'amour, la foi, vous êtes mort. Avant même de mourir, c'est déjà la mort.

Comme les humains sont eux aussi des créatures, ils sont liés à tout ce qui, comme eux, a été créé dans l'univers. Chacun de nous a donc des liens invisibles, éthériques, avec les pierres, les plantes, les animaux, et toutes les créatures visibles et invisibles. Vous direz : « Mais comment ? pourquoi ? » Il n'y a pas de question à poser, c'est ainsi : il n'existe pas une poussière, pas une cellule, pas un électron dans l'univers qui, par ses vibrations, ne soit pas lié à tout l'univers. En dépit des apparences, la séparation n'existe pas, elle est une illusion, rien ni personne n'est séparé. Même si nous n'en sommes pas conscients, tout notre être est sans arrêt en liaison avec le cosmos tout entier.

Le prêtre qui, au cours de la messe, consacre l'hostie et la coupe de vin, répète ce moment tellement solennel du dernier repas que Jésus fit avec ses disciples, où il prit le pain, le bénit et le leur donna en disant : « *Prenez, mangez, car ceci est ma chair…* » Puis il prit le vin, le bénit et le leur donna en disant : « *Prenez, buvez, car ceci est mon sang… Celui qui mange ma chair et qui boit mon sang a la vie éternelle.* » Pour comprendre la signification de ces paroles, il faut savoir que le pain et le vin, produits du blé et du raisin, représentent les deux principes masculin et féminin qui sont à l'origine de la création. Et le pain qui devient la chair du Christ, le vin qui devient son sang sont des symboles solaires. Dans le plan cosmique, la chair et le sang du Christ sont représentés par la lumière et la chaleur du soleil qui créent la vie ; et dans le plan spirituel, la chair et le sang du Christ sont la sagesse et l'amour. Jésus voulait donc dire : « Celui qui mange ma chair – la sagesse – et qui boit mon sang – l'amour – a la vie éternelle. »

La Bible et les Livres sacrés de toutes les religions mentionnent des sacrifices d'animaux faits à Dieu ou aux dieux. Ces sacrifices s'expliquent par cette connaissance qu'avaient les Anciens concernant les énergies contenues dans le sang et leur utilisation comme puissances magiques. Lorsqu'il est écrit dans l'Ancien Testament que l'odeur des victimes brûlées sur des bûchers était agréable aux narines du Seigneur, c'était une façon de dire que les énergies libérées par le sang des animaux et utilisées par les prêtres, donnaient puissance et efficacité à leurs invocations. Et c'est également depuis des millénaires, le rôle symbolique qui a été donné à l'encens qui se consume, lui aussi.

Mais quand Jésus est venu, il a voulu amener les humains vers une conception supérieure du sacrifice. Au lieu d'immoler de pauvres animaux qui n'ont rien fait de mal, il leur a appris à immoler leurs animaux intérieurs : leurs convoitises, leurs passions, etc., car le sacrifice de ces animaux-là libère en l'homme des énergies encore plus précieuses qu'il peut utiliser pour son travail spirituel.

Il est dit dans le *Zend-Avesta* que lorsque Zarathoustra demanda au dieu Ahura Mazda comment se nourrissait le premier homme, celui-ci lui répondit : « Il mangeait du feu et buvait de la lumière. » Alors, pourquoi ne devons-nous pas apprendre, nous aussi, à manger du feu et à boire de la lumière pour revenir vers la perfection du premier homme ? Vous direz que ce n'est pas possible ? Si, c'est possible.

Vous êtes au lever du soleil : vous attendez le premier rayon en restant vigilant, attentif... Dès que ce premier rayon apparaît, pensez que vous l'absorbez, que vous l'avalez. Au lieu seulement de regarder le soleil, vous le buvez, vous le mangez, et vous imaginez que cette lumière qui est vivante se propage dans toutes les cellules de vos organes, qu'elle les purifie, les renforce, les vivifie. Non seulement cet exercice vous aide à vous concentrer, mais vous sentez tout votre être frémir et s'éclairer parce que vous parvenez à absorber vraiment la lumière...

Rien de ce qui nous arrive ne se produit par hasard. Par nos pensées et nos sentiments, nous entrons en relation avec les entités, les courants et les éléments de l'espace qui correspondent à ces pensées et à ces sentiments, et nous finissons par les attirer. C'est ainsi que s'expliquent la santé et la maladie, la force et la faiblesse, l'intelligence et l'aveuglement, la beauté et la laideur, etc... Tous ces états physiques ou psychiques, c'est l'homme lui-même qui les attire. Donc, si vous rencontrez de grandes difficultés dans cette existence, c'est parce que, dans le passé, vous avez par votre ignorance attiré des éléments malsains, défectueux. Alors maintenant que vous connaissez la véritable cause de tout ce qui se produit dans votre vie, décidez-vous à travailler sur vos pensées et vos sentiments. C'est ainsi que vous vous lierez aux entités et aux régions les plus pures et lumineuses de l'univers et que vous recevrez d'elles toutes les qualités dont vous avez besoin pour vous reconstruire : la beauté, la force, l'intelligence… C'est cela le véritable secret de la résurrection.

Qu'est-ce qu'un talisman ? Un objet qui, grâce aux matériaux dont il est composé, aux signes et aux caractères qu'il porte, doit attirer et retenir des influences. C'est pourquoi le mage qui prépare un talisman doit connaître comment les objets physiques peuvent entrer en relation avec les forces de la nature et les êtres invisibles.

On peut dire que le travail du mage est identique à celui de la nature qui remplit les pierres, les plantes, les animaux, et même les humains, d'une essence particulière qu'il est ensuite possible d'utiliser. Le mage tire parti de la présence des énergies naturelles en toutes choses pour renforcer, amplifier ces énergies ; c'est donc un grand pouvoir qu'il possède. Aussi doit-il bien connaître les lois et ne préparer que des talismans porteurs des meilleures influences qu'il fera servir pour le bien de tous.

L'homme (principe masculin) et la femme (principe féminin) représentent deux pôles et ces deux pôles sont créateurs parce qu'ils font des échanges. Ces échanges peuvent se réaliser dans le plan physique, mais également dans les plans plus subtils, par la parole, la pensée, le regard, et ils sont tout aussi indispensables que la nutrition ou la respiration. Si les humains étaient instruits dans l'art de faire ces échanges, ils seraient toujours heureux, épanouis. Mais comme la plupart sont ignorants, ils s'empoisonnent ! Quant à ceux qui s'arrêtent de faire ces échanges, ils meurent psychiquement, spirituellement.

Alors, comment faire ces échanges ? Mais exactement comme vous les faites avec le soleil. Le soleil est loin là-haut dans le ciel, et les échanges avec lui se font dans le plan subtil, avec sa chaleur, sa lumière. Si vous alliez embrasser le soleil, vous seriez brûlé ; vous devez donc l'embrasser seulement par le regard, par la pensée. Et si les hommes et les femmes se contentaient aussi de s'embrasser de loin, ils connaîtraient une autre vie remplie d'un amour subtil, poétique.

N'allez pas chercher les pouvoirs magiques dans des formules ou des rituels compliqués. Le secret de la magie est dans l'attitude. Si vous trouvez la bonne attitude, vous possédez le verbe magique grâce auquel vous pouvez entrer en communication non seulement avec les humains, mais aussi avec les animaux, les plantes, les pierres, les objets. Cette attitude, chacun de vous doit la trouver tout seul, pour lui-même. La seule règle que je peux vous donner, c'est que pour trouver cette attitude, vous devez cultiver le respect à l'égard de tout ce qui existe. Il faut cesser de croire qu'en se montrant tellement négligent et irrespectueux, on fait preuve d'indépendance et d'autorité. Non, ce défaut, tellement répandu maintenant parmi nos contemporains, contient le germe de tous les malheurs. Qu'ils essaient de trouver la bonne attitude les uns envers les autres, et leurs problèmes commenceront à trouver des solutions.

Parce qu'il est observable par tous de la même manière, les scientifiques ont décidé de limiter leurs investigations au monde objectif, matériel ; ils laissent de côté le monde psychique, subjectif, sous prétexte qu'il est variable, subtil, et donc moins facile à saisir et à mesurer pour y opérer des classifications. Bien sûr, l'étude de la vie psychique, l'observation des mouvements de l'âme et de l'esprit nécessiterait des appareils que personne n'est encore capable de mettre au point ; mais est-ce une raison pour nier la possibilité ou même l'intérêt d'une telle étude ? En adoptant cette attitude, les scientifiques se compromettent. Il serait plus sage qu'ils disent : « Il se peut que ce domaine contienne des richesses insoupçonnées et même que ce soit lui qui nous donne les clés de la vraie science ; mais dans l'état actuel de nos capacités et de nos moyens d'investigation, nous n'avons pas d'appareils pour l'explorer. Nous tâcherons d'y arriver dans l'avenir, mais pour le moment, nous nous bornons à étudier ce qui est accessible à nos cinq sens. » Voilà ce qu'ils devraient dire s'ils étaient réellement honnêtes et sages, et éviter de se prononcer négativement sur des réalités qu'ils ne connaissent pas.

Le mal se dresse contre le bien, il combat le bien ; mais, en réalité, le mal n'existe que dans la mesure où le Créateur lui en a donné le droit. Quand Il le décidera, le mal disparaîtra. Le bien est éternel et le mal est passager, mais ce n'est pas nous, les humains, qui avons le pouvoir de le faire disparaître. Seul le Seigneur Lui-même a ce pouvoir. Il n'a donc pas besoin de nous, les humains, tellement faibles, chétifs et ignorants pour L'aider à triompher du mal : nos armes sont tellement inefficaces ! Alors, que pouvons-nous faire ? Puisque seul Dieu peut s'opposer au mal, nous devons laisser le divin pénétrer en nous, se manifester et travailler à travers nous. C'est lui qui, à travers nous, se chargera de remplacer le mal par le bien.

L'économie de leurs énergies… S'il y a une chose que les humains prennent rarement en considération, c'est bien cela. Qu'ils travaillent ou qu'ils s'amusent, ils dépensent leurs énergies sans compter, et tandis qu'ils accumulent à droite et à gauche des possessions, des succès et des plaisirs dérisoires, leur vie s'affaiblit et périclite. À quoi sert la vie, pensent-ils, si ce n'est à satisfaire toutes les convoitises ? Et alors ils puisent, ils puisent, et ensuite quand il ne leur reste plus rien, ils sont obligés d'arrêter brusquement toutes leurs activités. Cela n'a pas de sens d'agir ainsi. Car si l'homme perd la vie, il ne lui reste plus rien. Les sages ont toujours considéré la vie comme la chose essentielle, et c'est pourquoi ils enseignent : préservez votre vie, purifiez-la, sanctifiez-la, éliminez tout ce qui l'entrave ou l'affaiblit, parce qu'ensuite grâce à cette vie ennoblie, illuminée, vous obtiendrez l'intelligence, la force, la beauté, la puissance… tout ce que demandent votre âme et votre esprit.

Vous aspirez à la beauté, à la lumière, et vous êtes malheureux parce que vous sentez qu'intérieurement vous n'arrivez pas à vous arracher aux pesanteurs et aux médiocrités de l'existence… Mais la faute à qui ? Pourquoi vous laissez-vous obnubiler par les préoccupations matérielles ? Il ne s'agit pas d'abandonner vos affaires, mais de savoir au moins les déposer un moment, comme on dépose un fardeau. Regardez, par exemple, un porteur qui transporte des bagages au cours d'une expédition en haute montagne : de temps en temps, il les dépose pour respirer : il s'assied, grignote un peu quelque chose, se désaltère, puis il reprend son chargement et continue son chemin. Est-ce que vous ne pouvez pas en faire autant ? De temps en temps, laissez tomber vos soucis pendant une heure ou deux ; vous pouvez être sûrs que personne ne viendra vous les prendre : il n'y a pas beaucoup de candidats pour prendre les fardeaux des autres ! Alors, déposez-les en toute confiance, et liez-vous au monde divin, afin que cette beauté et cette lumière auxquelles vous aspirez ne vous abandonnent jamais.

Les mots « sacrifice », « renoncement » troublent la plupart des humains. Ils se disent : « Mais le sacrifice, le renoncement représentent une privation, et si on se prive, on va mourir ! » Et c'est vrai qu'ils vont mourir : s'ils n'ont pas compris que le renoncement sert uniquement à obtenir quelque chose de meilleur, ils vont mourir. La nature a bien fait les choses : nous mangeons, nous buvons, nous respirons, nous aimons, et il ne faut rien supprimer, il faut simplement affiner ses besoins et les transposer sur les plans supérieurs.

Alors, cessez de penser que la privation représente la mort. Au contraire, la privation apporte une vie plus subtile. Celui qui ne l'a pas compris, stagne. Et c'est justement cette stagnation qui l'entraîne vers la mort. En acceptant certaines privations, vous transformez une énergie brute en une énergie plus subtile et vous vous enrichissez.

Il ne vous est pas toujours facile de vous concentrer pour prier et vous lier à Dieu. Alors, au lieu de vous impatienter ou de vous décourager, essayez d'utiliser cette méthode. Imaginez très loin dans l'espace un centre vivant, vibrant, d'où jaillissent des rayons de lumière qui partent dans toutes les directions pour nourrir les entités célestes et la multitude des créatures dans l'univers. Grâce à cette image, vos pensées se dirigeront vers le lieu où la présence divine se manifeste le plus intensément, et votre prière sera entendue. Les grands Maîtres et les Initiés sont sans cesse en liaison avec ce centre de lumière, et leurs pensées créent dans l'invisible une puissance à laquelle nous pouvons nous associer pour nous sentir en communion avec le Seigneur.

L'Intelligence cosmique n'a pas d'autre but que l'évolution des créatures. C'est elle qui, à un certain moment, les pousse à avoir tel ou tel comportement et, quelque temps après, c'est encore elle qui les pousse à abandonner ce comportement pour un autre, plus élaboré, parce que l'époque est différente.

Prenons l'exemple de la peur. La peur est un réflexe atavique que la nature inspire à tous les animaux pour assurer leur conservation. Heureusement que les animaux ont peur, c'est ainsi qu'ils échappent au danger. Et il en est de même pour l'homme. Si l'homme n'éprouvait jamais de crainte, il serait vite anéanti. Seulement, pour parvenir à un degré supérieur de l'évolution, l'homme doit se débarrasser de cet instinct de peur qui se manifeste de toutes sortes de façons : peur des autres, peur de la misère, de la maladie, de la mort… Si, dans un état antérieur de l'évolution, la peur était nécessaire à l'homme pour se protéger, elle est maintenant préjudiciable à son avancement spirituel, et il ne peut vaincre cette peur que par l'amour.

Si les physiciens, les chimistes, les astronomes du passé ne nous avaient pas légué un immense héritage, que pourraient faire les chercheurs actuels ? Imaginez un chimiste qui, pour entreprendre des recherches, devrait commencer par découvrir la composition de l'eau… Il est heureux que nous ayons des héritages dans le plan physique et intellectuel, et que nous les reconnaissions. Mais nous oublions celui que nous avons reçu dans le monde spirituel. Or, nous ne pouvons rien sans l'héritage des Initiés et des grands Maîtres ; nos pas, sans eux, sont chancelants. Que pouvons-nous faire, seuls, si nous ne comptons que sur notre expérience tellement limitée et nos efforts personnels insuffisants ? Rien, car nous sommes faibles et aveugles. Nous devons donc apprendre à compter sur les êtres qui sont au-dessus de nous, les grands Maîtres de la vérité, et nous lier à eux afin qu'ils puissent nous communiquer leur expérience dont l'étendue est inconcevable. Grâce à eux nous serons liés à la vérité, au Christ, à Dieu Lui-même.

La condition de l'homme sur la terre se présente de telle sorte que, le plus souvent, il est impossible de dire s'il est heureux ou malheureux. Comme dans cette anecdote du bon vieux temps. Deux amis se rencontrent après une longue séparation. L'un dit à l'autre : « Te voilà bien habillé, que t'est-il arrivé ? – Je me suis marié. – Ah, tu dois être heureux ! – Oh, pas tellement !… Je suis tombé sur une mégère. – Mon Dieu, quel malheur ! – Non, pas tellement, elle m'a apporté en dot deux mille écus. – Ah, quel bonheur ! – Oh, là encore, pas tellement, je les ai utilisés pour acheter des moutons, et ils sont tous morts. – Ah, quel terrible malheur ! – Non, pas si terrible que tu le penses : j'ai gagné beaucoup plus en vendant leurs peaux. – Alors, finalement tu as fait un bénéfice ? – Oh, pas tellement grand, parce que j'ai placé cet argent dans l'achat d'une maison, et la maison a brûlé. – Ah, mon pauvre ami, tu es vraiment à plaindre. – Oh non, pas tellement, parce que ma femme a aussi brûlé dans l'incendie de la maison et me voilà bien débarrassé ! » Et voilà l'être humain : ballotté dans des situations dont on ne peut jamais être sûr si elles lui sont favorables ou non.

C'est dans le silence que s'expriment les sentiments les plus profonds. C'est pourquoi seuls ceux qui s'aiment vraiment savent ce qu'est le silence. La force de leur sentiment leur apporte une plénitude qu'aucun mot ne peut exprimer ; ils restent là sans rien dire, mais ils vivent la vie la plus intense. Seulement voilà, la plupart du temps l'amour ne dure pas, les humains ne savent pas le faire durer, et un jour le silence qui s'installe entre eux est celui de l'indifférence, de l'éloignement, de la haine même. Pourquoi ? Parce qu'ils ont vécu leur amour de façon égoïste ct limitée : ils se sont concentrés l'un sur l'autre, ils se sont immédiatement donné tout ce qu'ils possédaient de meilleur, et leur richesse intérieure a été vite épuisée. Si vous voulez que votre amour soit durable, vous devez penser à vous renouveler en cherchant chaque jour à acquérir de nouvelles richesses, une nouvelle beauté, une nouvelle lumière.

Chaque année, au printemps, avec le retour de la lumière et de la chaleur, toutes les semences enfouies dans le sol se mettent à croître. Vous le savez, vous l'avez vu, mais vous n'avez pas compris qu'un phénomène identique peut aussi se produire en vous. Car en vous aussi se trouvent des graines, des semences, c'est-à-dire les qualités et les vertus que Dieu a déposées depuis l'origine ; et si elles ne poussent pas, c'est parce que vous ne pensez pas à vous exposer aux rayons du soleil spirituel.

Si au début du printemps nous commençons à aller voir tous les matins le soleil se lever, le soleil qui est la plus pure image de la Divinité, c'est pour donner à nos semences les meilleures conditions de croissance et de manifestation. Personne ne doit se croire assez intelligent, savant ou raisonnable pour mépriser cette pratique : dans le plan spirituel comme dans le plan physique les semences ne poussent qu'au soleil.

Ce qui caractérise le bonheur véritable, c'est la stabilité. Vous direz : « Mais la vie n'est qu'une succession de changements : succès et échecs, abondance et pauvreté, paix et guerre, santé et maladie… Nous sommes bien obligés de subir des changements ! » Non, non, la guerre peut éclater, vous pouvez tomber malade, perdre soudain toute votre fortune, être abandonné par votre mari ou votre femme, vos enfants, vos amis, sans pour autant cesser d'être heureux. Pourquoi ? Parce que dans cet état dont je parle, votre conscience ne stagne pas au niveau des événements : pour chaque difficulté, pour chaque épreuve, vous trouvez une explication, une vérité qui vous apaise et vous console, car vous vous êtes élevé très haut et vous avez appris comment voir les choses. On peut vous dépouiller, vous persécuter, mais puisque vous savez que tout cela est passager, que vous êtes immortel, que rien ne peut réellement vous atteindre, là où tous poussent des cris, vous souriez.

Pour combien d'adultes l'éducation consiste à vouloir imposer aux jeunes des qualités morales qu'eux-mêmes, souvent, ne possèdent pas et dont ils ne peuvent pas donner l'exemple ! Et ensuite ils s'étonnent de n'être ni obéis ni respectés. C'est normal. Un vrai pédagogue doit vivre conformément aux qualités et vertus qu'il veut enseigner, afin qu'il émane de lui quelque chose de stimulant, de contagieux, d'irrésistible ! Un vrai poète, un vrai musicien pousse les autres à devenir poètes ou musiciens. Un véritable porteur de l'amour ouvre le cœur de tous ceux qui l'entourent. Un général audacieux, plein de bravoure, influence ses soldats : ils se jettent à l'assaut et remportent la victoire. Imaginez un poltron, un craintif, qui crie « en avant ! » d'une voix tremblante : personne ne le suivra. Les éducateurs disent : « Il faut être bon, il faut être honnête, il faut être… » mais eux ne le sont pas ; alors, quelle influence peuvent-ils avoir sur les jeunes générations ?

Pendant des siècles on a enseigné aux chrétiens que la terre est un lieu de perdition, et le corps physique un instrument du diable ; seuls comptent le Ciel et le salut de leur âme. Quelle incompréhension ! Et la plupart de ceux qui acceptaient ces théories négligeaient leur corps et ils finissaient par se dessécher, se momifier. Ils s'imaginaient être quelque chose de sublime en haut, mais un être humain qui n'assume pas la vie sur la terre ne peut avoir aucune vie véritable dans le Ciel.

L'ère du Verseau qui vient, apporte une autre philosophie. Le Verseau enseigne que l'homme doit regarder vers le Ciel, mais pas pour se détourner de la terre. Il doit contempler le Ciel pour en faire descendre tout ce qui est beau, pur, lumineux, éternel. Lui-même deviendra alors un miroir du Ciel, un conducteur du Ciel, un jardin, un verger, un soleil. Pourquoi faut-il que le Paradis soit seulement en haut, et ici, sur la terre, toujours la misère, la pauvreté et la laideur ? Non, désormais ce sera différent, c'est la beauté qui descendra sur la terre, et tout sera rayonnant : les pierres, les plantes, les animaux, les humains.

Le véritable spiritualiste est celui qui est capable d'agir dans l'intérêt de la communauté universelle. Mais combien de gens, tout en se prétendant spiritualistes, n'ont d'autre but que leur propre intérêt ! Ils n'ont pas encore compris que tout ce qu'ils font en désaccord avec l'ordre universel, non seulement produit des dégâts sur les autres, mais finit par se retourner aussi contre eux.

Il ne suffit pas d'échapper à la justice des hommes. Sachez qu'il existe une autre justice dans le monde divin, des entités qui ont à se prononcer sur vos actes, et si vous avez transgressé les lois divines, vous serez puni d'une manière ou d'une autre. C'est pourquoi il est important que vous consacriez plusieurs fois par jour quelques minutes à vous harmoniser avec les puissances lumineuses de l'univers. Ce n'est pas du temps perdu, au contraire, vous gagnez quelque chose de très précieux : vous entrez en contact avec des entités qui viennent vous assister et vous soutenir.

La pensée est un être vivant. Dans sa région, avec les matériaux subtils dont elle est formée, elle est un être vivant et agissant. L'ignorance de cette vérité est pour les humains une cause de beaucoup de difficultés et d'épreuves. Ils ne voient pas, ils ne sentent pas que leur pensée travaille, qu'elle construit ou détruit ; alors ils se permettent de penser n'importe quoi, et ensuite ils sont étonnés de ce qui leur arrive. La pensée est une réalité vivante, c'est pourquoi vous devez vous surveiller pour ne projeter que les meilleures pensées, des pensées pleines d'amour, de bonté, de lumière, d'harmonie. Le vrai savoir commence là : dans la conscience que la pensée est une réalité. Oui, toutes les pensées que nous formons, les plus faibles, les plus insignifiantes soient-elles, sont une réalité.

Psychiquement, spirituellement, l'être humain est androgyne : en lui le principe masculin, le père, est représenté par l'intellect, la pensée ; le principe féminin, la mère, est représenté par le cœur, le sentiment. Et l'union du principe masculin et du principe féminin donne naissance à l'enfant : la volonté, ou l'action. Toutes nos actions sont le fruit de nos pensées et de nos sentiments. On rencontre des personnes très actives dont l'intellect et le cœur ne sont pas tellement développés, mais chez elles aussi l'action est nécessairement l'enfant de l'intellect et du cœur, ou plutôt de l'absence de discernement dans leur intellect et de l'absence d'amour dans leur cœur. Agir avec intelligence et sensibilité, ou étourdiment et sans amour, c'est toujours donner naissance à une activité qui est le fruit de l'intellect et du cœur. La nature de l'enfant dépend du degré d'évolution et de culture des parents. Lorsque nos pensées sont bonnes et que nos sentiments sont bons aussi, nos actes, qui sont la conséquence de la sagesse de notre intellect et de l'amour de notre cœur, sont des actes constructifs.

Chaque geste est magique. Donc, lorsque vous rencontrez quelqu'un le matin, ne lui dites pas bonjour avec un récipient vide, parce que sans le vouloir, sans le savoir, vous êtes en train de lui souhaiter le vide, la pauvreté, l'échec pour toute la journée. Vous direz : « Mais ça n'a aucune importance, dans le monde les gens ne font pas attention à ça. » Si les gens sont inconscients, est-ce que c'est une raison pour les imiter ? Qu'ils agissent comme ils veulent, mais nous, ici, qui apprenons les lois de la nouvelle vie, nous devons nous entraîner à être conscients en toute chose. Donc, quand le matin vous rencontrez vos voisins, vos amis, non seulement ne les saluez pas avec des récipients vides, mais mettez aussi beaucoup d'amour dans votre cœur, et souhaitez-leur une bonne journée. Si vous savez travailler avec les forces positives de la nature, tout le monde vous estimera et vous aimera.

Pour persévérer dans la bonne voie, les humains ont généralement besoin d'être influencés, stimulés, car il y a toujours un moment ou un autre où leur détermination faiblit. Bien sûr, certains diront qu'ils n'ont aucune envie d'être influencés : ils veulent être libres de faire ce qui leur plaît, c'est pourquoi ils ne tiennent pas à fréquenter une fraternité spirituelle, car ils s'y sentent limités. Eh bien, voilà des gens qui ne sont pas intelligents ! Quelqu'un d'intelligent comprend qu'il doit se mettre dans une situation où il rencontrera des obstacles à la manifestation de ses mauvais penchants et sera libre au contraire de se lancer dans des entreprises bénéfiques, lumineuses. Quand vous avez envie de faire des bêtises, au lieu de chercher des conditions favorables, courez au contraire dans un endroit où vous en serez empêché.

La plupart des religions ont présenté le Seigneur comme un être implacable, vindicatif, jaloux, qui voit tout et punit la moindre faute. En réalité, non, le Seigneur ne nous punit pas. Il ne veut même pas voir nos fautes. Il n'a pas le temps de s'occuper de ça : Il est tout-amour, Il ne vit que dans la splendeur. Mais Il a fondé le monde sur des lois, et si nous ne les respectons pas, ce sont elles qui nous punissent.

Supposons que vous ayez fait une bêtise ; vous vous sentez troublé et vous priez : par cette prière, vous sentez que vous échappez à vos tourments, vous vous élevez et vous arrivez jusqu'au Trône de Dieu. Même si vous êtes poussiéreux, déguenillé, Dieu vous dit : « Entre, sois le bienvenu ! » et Il ordonne qu'on vous lave, qu'on vous habille, Il vous invite à son festin et vous êtes heureux et dans la paix. Quand vous redescendez (parce que, bien sûr, vous êtes obligé de redescendre, vous ne pouvez pas vous maintenir très longtemps en haut), de nouveau les tourments recommencent… Et ils continueront jusqu'à ce que vous compreniez comment vous devez corriger vos erreurs.

Parce qu'ils ne se sentent pas en sécurité, les animaux sont naturellement méfiants et craintifs ; et c'est ainsi qu'ils apprennent à développer l'attention, la ruse, l'intelligence. Mais évidemment, la forme d'intelligence que la peur développe chez les créatures est une faculté très inférieure dans l'échelle de l'évolution. La nature l'a trouvée bonne pour les animaux, mais quand il s'agit des humains, c'est différent ; pour eux elle a prévu une autre forme d'intelligence. Si c'est la peur qui rend l'homme perspicace, intelligent – peur de perdre son argent, sa maison, sa santé, sa situation, sa réputation – ce n'est encore là qu'une forme d'intelligence animale. Et comme les humains ont pour mission d'aller plus loin que les animaux, un autre sentiment doit naître chez eux pour remplacer la peur : ce sentiment, c'est l'amour. L'amour chasse la peur. Quand l'amour stimule les êtres, la véritable intelligence, l'intelligence divine commence à s'éveiller en eux.

Dans le symbole extrêmement riche qu'est la croix, on peut voir les deux principes masculin (la ligne verticale) et féminin (la ligne horizontale) qui s'unissent pour travailler ensemble dans l'univers. Le travail se fait à partir d'un centre : le point d'intersection des deux branches de la croix. Ce centre réunit les forces, il les tient liées ; sans lui tout s'éparpillerait dès que la croix commence à tourner. Car la croix tourne, et en tournant ses branches tracent un cercle.

La croix en mouvement a été appelée en sanscrit « svastika » : c'est une croix à branches coudées. La croix qui tourne vers la droite 卍 signifie qu'on visse pour empêcher les énergies de se manifester : on les maintient pour les dominer ; c'est le symbole de la spiritualité qui freine le cours des forces instinctives. Si la croix tourne dans l'autre sens, 卐 cela signifie qu'on desserre les freins pour déclencher les forces brutes et qu'on ferme ainsi le passage aux puissances sublimes de l'esprit.

Il est facile de remporter certains succès, et c'est très bien. Seulement il faut savoir que ces succès faciles peuvent être de courte durée, et que de toute façon ils ne combleront pas les besoins de votre âme et de votre esprit. Vous consacrez cinq, six ou dix ans pour devenir musicien, avocat, ingénieur, chimiste ou médecin, et vous êtes fier d'avoir réussi. Mais qu'est-ce que cela représente comme idéal ? Et que sont dix ans ou vingt ans ? Il existe des buts plus nobles à viser dans la vie que des diplômes qui vous apporteront la considération des autres et la sécurité matérielle. Pourquoi ne pas vous concentrer sur une qualité spirituelle ? Il vous faudra peut-être des siècles pour la développer, mais elle ne cessera d'ouvrir devant vous un chemin de lumière. Pour la bonté, la patience, la pureté, la justice, la beauté divines…, ce n'est pas en dix ou vingt ans que vous obtiendrez des diplômes témoignant que vous avez réussi. Mais c'est là justement que vous devez vous acharner : sur ce qui est difficile, irréalisable presque, car c'est ce qui vous permettra de toujours progresser.

Parce qu'elles ressentent un malaise, un vide intérieur, certaines personnes décident d'embrasser un enseignement spirituel. Malheureusement, vouloir changer de vie ne suffit pas, c'est intérieurement qu'il y a des choses à transformer. Mais voilà que ces personnes portent leurs vieilles habitudes si bien incrustées en elles qu'elles n'acceptent pas les vérités de cet enseignement : ces vérités ne correspondent pas à ce qu'elles pensent, à ce qui leur convient, et elles les rejettent. Alors, à quoi cela sert-il ? Si on ne veut rien changer en soi, autant rester où on est. Celui qui veut entrer dans une École initiatique doit savoir que les connaissances qu'il y recevra ne sont pas destinées à s'ajouter purement et simplement aux théories et aux opinions qu'il s'est déjà fabriquées. Sinon, il se conduit là comme une bouteille pleine : quoi que fasse son instructeur, quel que soit son désir de déverser en lui le Ciel, il ne pourra pas, ça n'entrera pas.

Le véritable amour n'est pas un sentiment mais un état de conscience. Pour votre évolution, il vaut la peine que vous méditiez sur ce sujet. Tant que vous ne connaîtrez pas l'amour comme état de conscience, vous serez dans l'obscurité et vous ne comprendrez pas grand-chose à la vie. Parmi les qualités qui peuvent vous aider à vous rapprocher de cette compréhension de l'amour, la pureté est la plus importante. Et quand je parle de pureté, je veux dire des pensées et des sentiments dans lesquels n'entre aucun intérêt égoïste. Les trois mots vie, amour et pureté sont liés. Pourquoi ? Parce que la vie dépend de l'amour, et plus l'amour est pur, plus la vie est riche, belle, claire. Le sens de la vie, c'est aimer et être aimé. Quand vous aimez les autres d'un amour désintéressé, vous êtes pour eux comme une source qui leur apporte la vie. Et ceux qui vous aiment vous apportent aussi une vie abondante.

Du lever au coucher, la vie quotidienne des humains est un enchaînement ininterrompu d'activités, de préoccupations qui les projettent à la périphérie de leur être, ce qui fait qu'à la fin de la journée ils s'aperçoivent qu'ils ont oublié l'essentiel... Combien de fois en avez-vous fait l'expérience pour vous-même ! Pour rompre cet engrenage, plusieurs fois dans la journée pensez à vous arrêter : restez quelques minutes dans le silence, mais un silence intense, vivant, un silence où votre âme et votre esprit pourront s'adresser au Créateur. En exerçant ainsi régulièrement votre faculté de concentration, vous arriverez à échapper, au moins pour quelques instants, aux pesanteurs de la vie quotidienne, et cette faculté restera une acquisition pour tous les moments difficiles que vous aurez à affronter. Vous constaterez alors combien il est utile de savoir vous dégager complètement de tout souci pour diriger votre pensée vers le monde divin.

En réchauffant les petites graines, le soleil leur dit : « Alors, qu'attendez-vous ? Vous devez maintenant donner des fleurs et des fruits. Allez, au travail ! – Mais nous sommes petites, nous sommes faibles… – Non, non, essayez, vous allez voir, je vais vous aider. » Et alors toutes les petites graines prennent courage. Chaque jour, avec sa chaleur, sa lumière, le soleil leur parle, et quelque temps après, on voit apparaître des fleurs et des fruits magnifiques qui font la joie de tous.

Eh bien, maintenant pourquoi ne pas comprendre qu'il peut se passer la même chose avec nous, les humains ? Nous sommes des graines plantées dans le sol spirituel, et sous les rayons du soleil divin nous pouvons donner des couleurs, des parfums, des saveurs si extraordinaires, que même les Divinités seront émerveillées.

Le plaisir ne doit jamais être pour vous un critère, ou du moins faut-il savoir que c'est un critère insuffisant. Pourquoi ? Parce que ce qui plaît généralement aux humains alimente plus souvent leurs instincts que leur âme et leur esprit. La preuve, il n'y a qu'à voir où ils trouvent du plaisir : manger, boire, séduire des hommes ou des femmes, jouer de l'argent au casino, vivre dans le luxe, exercer un pouvoir, se venger, etc., les possibilités ne manquent pas. Mais alors, où vont-ils ainsi ?

En cherchant le plaisir, l'homme ne pense qu'à lui, son plaisir est pour lui. Il ne cherche pas le plaisir des autres, mais uniquement le sien. Ainsi, il se limite et il s'avilit car, pour obtenir ce plaisir et le défendre, il est souvent obligé d'employer des méthodes détestables : il devient exigeant, injuste, et s'il est, à un moment ou à un autre, privé de ce plaisir, il se montre irritable, agressif, vindicatif. Il se rend insupportable aux autres qui ne manquent pas de le lui faire sentir. Alors, quelles satisfactions peut-il vraiment tirer de tout ça ?

Les très jeunes enfants entretiennent avec les mondes visible et invisible des relations très subtiles. Ils possèdent en effet une forme de sensibilité qui a son origine dans un lointain passé, où les humains avaient pleine conscience d'appartenir à cet organisme vivant qu'est la nature. C'est pourquoi les animaux, mais aussi les plantes, les pierres et les objets apparaissent à ces enfants comme des êtres très proches d'eux ; ils leur parlent, ce sont leurs amis.

Certains enfants entrent même en contact avec les esprits de la nature, ils les voient, ils leur sourient, ils ont avec eux des conversations ; ils écoutent et répondent. Mais peu à peu, à cause de l'attitude des adultes et de l'éducation qu'ils reçoivent, ils perdent ce contact. Pour le bien des enfants, mais aussi pour leur propre évolution intérieure, les parents, les éducateurs et tous ceux qui sont amenés à s'occuper d'eux doivent donc se pencher sur cette question. En observant attentivement les enfants dans leurs premières années, ils pourront lire dans le livre de leur âme les véritables secrets de la vie.

Les événements de la vie quotidienne nous inspirent des sentiments, des émotions qu'il faut apprendre à considérer comme une matière sur laquelle nous pouvons travailler. Quelqu'un a subi une offense, une injustice : il trouve normal de se montrer bouleversé, de pleurer même. Mais s'il se trouve devant la vraie beauté, une œuvre d'art, un geste de noblesse, il se sentirait déshonoré de verser une larme. Eh bien, moi je vous dirai qu'au contraire, c'est dans les chagrins qu'il faut se montrer stoïque, impassible, mais devant la beauté on peut s'émouvoir, se montrer sensible et verser des larmes. Car les larmes que vous versez devant la beauté sont comme une pluie céleste qui vous purifie et arrose les fleurs de votre jardin intérieur. Les larmes de déception, d'amertume, vous apporteront peut-être un certain soulagement, mais pas plus. Tandis que les larmes d'émerveillement vous régénéreront, car elles sont imprégnées d'une puissance divine.

Celui qui veut s'engager véritablement dans la voie du bien doit savoir qu'il ne pourra pas éviter les attaques du mal. Le mal doit donc vous détester et vous combattre, et si malgré ses attaques vous continuez dans la même direction divine, c'est la preuve de votre grande élévation. Pourquoi le mal vous déteste-t-il ? Parce que vous n'avez pas pris parti pour lui. Sinon il vous protège, vous dorlote, vous berce, vous endort, pour que vous restiez un peu plus longtemps sous son influence. Mais si vous lui échappez, si vous refusez de le servir, à ce moment-là vous éveillez sa haine. Or, c'est grâce à cette haine que vous irez très loin. Pour tous les grands Initiés, le mal a été implacable, acharné, et ceux qui savaient l'interpréter, voyaient là un signe qui ne trompait pas. Car seul celui qui a été détesté jusqu'au dernier point par le mal est digne de recevoir l'Initiation suprême. Les ignorants, bien sûr, disaient : « Oh ! le pauvre malheureux ! Quelle destinée ! » Mais ceux qui savaient, se réjouissaient et disaient : « Il est prédestiné à atteindre le sommet. »

Dans *l'Apocalypse*, saint Jean décrit la vision qu'il a eue d'une ville qui descend du ciel, la nouvelle Jérusalem, construite avec les matériaux les plus précieux. La nouvelle Jérusalem est en réalité un symbole de l'homme régénéré, divinisé ; car l'or, les perles et les pierres précieuses représentent ses qualités et ses vertus. C'est donc chaque être humain qui peut devenir une nouvelle Jérusalem.

Au cours des siècles, de nombreux mouvements spiritualistes ont prétendu incarner cette nouvelle Jérusalem. Mais on ne peut pas incarner la nouvelle Jérusalem tant qu'on reste dans l'incompréhension et les vieilles formes, quand on ne possède pas les clés qui ouvrent le Livre de la Vie. Devenir une nouvelle Jérusalem, ce n'est pas balbutier quelques bribes de la Science initiatique et, à côté, se montrer toujours le même : craintif, égoïste, faible et méchant. Nous tous, nous pouvons être la nouvelle Jérusalem, mais à condition d'avoir cette lumière qui, non seulement nous donnera la connaissance, mais nous montrera comment la manifester dans notre vie.

Quand deux personnes se rencontrent, le jugement qu'elles portent l'une sur l'autre est généralement dicté par l'attraction ou la répulsion. D'autres diront : la sympathie ou l'antipathie, mais peu importe. Ce qu'il y a de sûr, c'est que ce n'est pas le raisonnement qui vient en premier. Elles se trouvent sympathiques et immédiatement, sans bien réfléchir, elles nouent des liens. Le raisonnement vient après, quand ça ne marche plus, quand elles constatent qu'elles se sont trompées, quand elles sont déçues, mais à ce moment-là c'est un peu tard, et quelles difficultés pour réparer les dégâts !

Il en va de même pour l'antipathie : quelqu'un ne vous plaît pas, vous le fuyez ou vous vous acharnez contre lui. Puis un jour, par hasard, vous découvrez que cette personne que vous trouviez antipathique possède des qualités d'honnêteté, de sérieux, de courage, qui manquaient à celui qui vous était tellement sympathique, et qu'en n'ayant pas su le reconnaître à temps, vous êtes passé à côté de relations qui auraient pu vous apporter beaucoup. Alors, faites attention, ne vous fiez pas trop à vos sentiments de sympathie ou d'antipathie. Dès le début, le raisonnement doit venir aussi dire son mot.

Vous marchez dans la rue : il peut arriver que, sans le savoir, vous passiez par des endroits où l'on est en train de commettre des actes malhonnêtes ou même des crimes. Si à ce moment-là vous êtes dans un état intérieur négatif, vous vous trouvez en accord avec les vibrations que ces actes produisent et vous captez leur influence. Vous pouvez alors être poussé vous-même à mal agir, sans savoir que c'est à cause de ces émanations fluidiques que vous avez reçues en passant. C'est pourquoi il est tellement important pour vous de surveiller la qualité de vos états intérieurs ; c'est la seule méthode efficace qui vous permettra de vous protéger des influences ténébreuses. Ne comptez pas sur des amulettes, des talismans et toutes sortes de bricoles que les charlatans vous proposent maintenant à presque tous les coins de rue. C'est vous-même qui devez travailler sur vos pensées et vos sentiments afin de n'attirer autour de vous que des effluves de pureté et de lumière.

Même s'il leur arrive de s'en plaindre, les humains acceptent de vivre dans la précipitation et la fébrilité. Et même, on se rend compte que pour certains, ces tensions et ces trépidations constantes représentent la vraie vie. Ils courent d'un endroit du monde à l'autre, ils sont suspendus toute la journée au téléphone, ils brassent une quantité d'affaires, et c'est ainsi qu'ils s'imaginent être actifs et créateurs.

Or, c'est dans le silence que se manifeste l'activité véritable ; c'est dans le silence que s'accomplissent les plus grandes œuvres, les créations immortelles. Alors, si vous ne voulez pas continuer à gaspiller vos énergies dans des activités inutiles, efforcez-vous de sentir la vie intense qui jaillit au cœur de cette absence de bruit et de cette immobilité apparente. Le silence est le lieu de la plénitude et du mouvement parfait. Voilà ce dont vous devez devenir conscient pour trouver en vous-même cette qualité de silence d'où jailliront vos plus belles créations spirituelles.

Imaginez que vous ayez deux vases remplis de parfum : en tant que récipients, ils sont séparés, mais les parfums qui s'en échappent vont se mêler en haut. Pourquoi je vous présente cette image ? Parce que les humains sont comparables à des flacons de parfum : leurs corps sont séparés, mais par leurs pensées, par leurs sentiments, ils peuvent rencontrer d'autres êtres humains, mais aussi des entités du monde invisible dans l'univers entier. Seulement, voilà : on ne rencontre pas ainsi qui on veut, chacun ne peut toucher dans les mondes visibles et invisibles que les âmes et les esprits qui correspondent à ce qu'il est lui-même, car il s'agit là tout simplement d'un phénomène de résonance. Et si vous voulez bien comprendre la raison d'être de la prière, la méditation et tous les exercices spirituels, c'est qu'ils nous servent à nous élever intérieurement, et en nous élevant, par affinité, nous rencontrons dans l'espace des créatures de plus en plus lumineuses et pures.

L'instinct d'imitation est universellement répandu chez les humains. On observe déjà cela chez le tout petit enfant : il essaie de reproduire les gestes et les paroles des adultes, et c'est ce qui lui permet de progresser. Plus tard, cette tendance continue à se manifester, et pour le bon développement de l'individu il est souhaitable que, instinctive et inconsciente tout d'abord, elle devienne consciente. La plupart des gens ne savent pas qui prendre pour modèle, ni surtout combien cette question du modèle est importante pour la vie psychique. Alors, qui sont-ils poussés à imiter ? Ceux qui ont obtenu la célébrité, le succès, la fortune. Eh bien, ce ne sont pas les meilleurs modèles. « Alors, direz-vous, quel est le meilleur modèle ? » C'est le soleil. Prenez le soleil pour modèle et, en vous émerveillant chaque jour de sa beauté, de sa limpidité, de sa puissance, de toute cette vie qui jaillit, vous vous apercevrez peu à peu qu'il se produit des transformations en vous : quelque chose dans votre cœur, dans votre âme, commencera à vibrer autrement ; vous deviendrez plus lumineux, plus chaleureux, plus vivant, et vous aurez à votre tour une influence bénéfique sur tous les êtres qui vous entourent.

Pour beaucoup de gens, vouloir faire le bien quoi qu'il arrive est une preuve de bêtise. Pour eux, celui qui est intelligent cherche à se débrouiller, même si c'est aux dépens des autres, ou à se venger de ceux qui lui ont porté préjudice. Eh bien, c'est là une idée erronée, car en réalité le bien représente les fruits de l'homme. L'homme est venu sur la terre pour donner des fruits. Ces fruits, ce sont des pensées lumineuses, des sentiments chaleureux, des actions nobles, et la joie, la beauté et la paix qu'il apporte aux autres.

Chaque matin nous devons nous lever en ayant la pensée de faire du bien. Alors les germes que Dieu a déposés dans notre âme commenceront à sortir, ils prendront confiance et, en très peu de temps, ils donneront des fleurs et des fruits.

Quoi qu'il arrive, n'acceptez jamais de vous sentir abattu. Apprenez à vivre dans cet état d'émerveillement, de dilatation, de légèreté qui donne des ailes. Pour voler, instinctivement les oiseaux savent qu'ils doivent étendre leurs ailes. Alors, comment se fait-il que les oiseaux aient trouvé le secret, alors que les humains sont là, chaque jour, à se crisper, à s'engourdir, à s'enterrer ? C'est donc qu'ils ne sont pas aussi intelligents que les oiseaux ! Vous dites : « Je me sens bizarre, je n'ai plus de goût à rien. – C'est que vous n'avez pas appris à déployer vos ailes, c'est tout. – Mais qu'est-ce que vous me racontez là : déployer dcs ailes ?... Je suis docteur de plusieurs universités. – C'est possible, mais vos ailes sont repliées. Ou alors quelqu'un vous les a coupées, ce qui peut arriver aussi : intérieurement vous vous êtes laissé couper les ailes. » Si vous voulez chaque jour vous sentir libre, dégagé, apprenez à nourrir en vous des pensées et des sentiments qui vous donneront des ailes.

« Tout ce qui est en bas est comme ce qui est en haut », dit Hermès Trismégiste. Donc, si le véritable ordre des choses était respecté sur la terre, il faudrait que tous ceux qui sont pauvres intérieurement le soient aussi extérieurement, et que ceux qui sont riches intérieurement le soient aussi extérieurement. Comme le Seigneur qui, parce qu'Il possède toutes les qualités et les vertus, possède aussi toute la richesse de l'univers. Ici, sur la terre, on constate que cet ordre n'existe plus, mais comme la loi est absolue, un jour chacun recevra ce qu'il mérite : ceux qui sont riches d'intelligence, de bonté, de noblesse, auront aussi toutes les richesses extérieures correspondantes, et ceux qui n'auront pas ces qualités seront un peu privés. Évidemment, ce ne sont pas les humains qui rétabliront cet ordre, car ils ne savent pas qui mérite et qui ne mérite pas, mais l'Intelligence cosmique. Car la loi des correspondances est une loi immuable dans l'univers.

On voit paraître de plus en plus de livres de magie… Et que contiennent-ils généralement ? Des méthodes qui permettent aux gens de réaliser leurs désirs. Mais ce que ces livres ne leur expliquent pas, c'est ce qui arrivera après, si leurs désirs sont trop personnels et égoïstes, s'ils vont contre l'ordre divin. On dit seulement : « Faites ceci… faites cela… » alors, ils le font et ils s'embourbent dans tous les marécages du plan astral.

Les méthodes enseignées dans les livres de magie ne sont bénéfiques que si ce que vous désirez n'est pas uniquement bon pour vous mais aussi pour le monde entier. Car il faut que vous le sachiez : tous les désirs finissent par se réaliser, et c'est là le danger. Pourquoi ? Parce que souvent, emporté par la violence de ses passions, l'homme ne prévoit pas les complications qui vont en résulter. Celui qui n'a pas étudié les rapports entre ses désirs et les lois de la vie, qui ne s'est pas demandé ce que ces désirs donneront en se réalisant, s'expose à de grandes désillusions.

Vous dites que vous aimez le soleil, que vous avez besoin de lui. Mais quand allez-vous le voir et vous exposer à ses rayons ?... C'est le matin, à son lever, que vous pouvez découvrir le soleil dans toute sa splendeur, dans toute sa signification.

Pour assister au lever du soleil dans les meilleures conditions, pensez à vous préparer la veille : manger légèrement, vous coucher tôt, mais aussi ne pas vous lancer dans des occupations ou des discussions qui continueront à vous poursuivre malgré vous le lendemain. Lorsque vous saurez regarder le soleil avec une pensée dégagée, libre, vous sentirez que vous entrez en contact avec lui, avec son esprit, et que vous absorbez ses rayons comme autant de germes de vie. Dès que vous commencez à respirer et à boire la vie du soleil, tout change : votre âme s'ouvre, une source jaillit, vous vous imprégnez de la splendeur de l'aube. Quelque chose de la pure lumière dans laquelle vous baignez pénètre peu à peu en vous, et vous désirez répandre partout ces bénédictions afin que tous les êtres goûtent ce même bonheur.

Parce que les humains identifient amour et plaisir, leur amour, à la longue, se transforme en poison. Lorsqu'ils prendront conscience du travail qu'ils peuvent faire avec leur amour, ils apprendront comment le consacrer à Dieu, en disant : « Voilà, Seigneur, ces énergies que je sens bouillonner en moi, je les consacre pour ta gloire et pour la venue de ton Royaume. » Évidemment, vous n'êtes pas habitué à cette conception des choses, vous pensez que vos sentiments et vos sensations ne regardent que vous, que cela ne concerne pas le Ciel. Mais alors, si ça ne concerne pas le Ciel, ça concerne l'Enfer. Lorsque vous dites « mon amour ne regarde que moi », ce « moi » qui ne pense qu'à goûter égoïstement les plaisirs est déjà une partie de l'Enfer ! Pourquoi dans leur amour les hommes et les femmes suppriment-ils le Ciel ? On dirait qu'ils ont honte et cherchent à se cacher de lui ! Mais devant l'Enfer ils n'ont pas honte ; alors qu'ils ne se plaignent pas si c'est l'Enfer qui vient s'installer chez eux.

Même s'ils aiment leur métier, les activités professionnelles des humains ne les touchent que superficiellement. Aller à l'usine, au bureau, vendre dans un magasin, faire des recherches dans un laboratoire, instruire des enfants, ne peut pas réveiller toutes les puissances déposées en eux par le Créateur, sauf si, en même temps, par la pensée, le sentiment, la volonté, ils font un travail qui donne un sens plus vaste à leur activité, c'est-à-dire qui touche les racines de leur être. Donc, désormais, pensez à faire converger toutes vos activités vers un but unique : votre perfectionnement, et vous déclencherez en vous-même des puissances qui vous transformeront en profondeur. Décidez-vous à commencer ce travail, le seul véritablement utile, tâchez d'y prendre goût au point de ne jamais passer une journée sans sentir qu'à travers vos activités, vous avez pu déclencher des forces bénéfiques en vous et autour de vous.

Monter et descendre... Le véritable spiritualiste est celui qui a compris le sens de ce double mouvement. Il sait qu'il ne peut pas toujours rester sur les sommets, mais il ne s'attarde pas trop non plus dans la poussière, l'agitation et le bruit des vallées. Il monte, il descend... Il remonte, il redescend... Descendre, c'est manifester l'amour ; monter, c'est rechercher la sagesse, étudier, méditer, prier. Mais celui qui s'est élevé doit penser à redescendre pour aider les autres par son savoir, par sa lumière. C'est dans ce double mouvement que l'on trouve la vraie vie. Les ascètes, les ermites, les solitaires qui ont fui dans les grottes ou les déserts, n'ont pas toujours bien résolu le problème. Et pas davantage ceux qui ne sont jamais montés vers les sommets, c'est-à-dire qui n'ont jamais éprouvé le besoin d'une vie spirituelle.

Vous appelez le Ciel au secours pour qu'il vienne vous aider à résoudre vos problèmes, mais c'est à vous d'abord de vous déplacer. N'attendez pas que, dans sa clémence et sa miséricorde, le Seigneur descende vous visiter : Il ne descendra pas, c'est vous qui devez monter. Vous direz : « Mais on a lu dans les *Actes des apôtres* que, le jour de la Pentecôte, le Saint-Esprit était descendu en eux sous la forme de langues de feu. » Oui, mais pour recevoir le Saint-Esprit, l'homme doit d'abord s'élever intérieurement jusqu'aux régions célestes où il se fusionne avec la Divinité. Celui qui se purifie, qui vibre à l'unisson avec la volonté du Seigneur, vit déjà dans les régions les plus lumineuses ; et même si on dit que le Seigneur est descendu en lui, en réalité, non, c'est lui qui est monté jusqu'au Seigneur, et le Seigneur l'a rempli de sa présence. Donc, comprenez bien : prier le Seigneur ne consiste pas à Le faire descendre jusqu'à vous ; c'est vous qui, grâce à un travail assidu, devez commencer par vous élever jusqu'à Lui.

Quelqu'un dit : « Moi, je ne crois qu'à ce que je vois ! » Eh bien, cette personne prouve tout simplement qu'elle ne réfléchit pas. Car de quoi est-elle occupée jour et nuit ? De ses pensées et de ses sentiments, ainsi que des pensées et des sentiments des autres. Est-ce qu'elle les voit ? Non. Alors, comment se fait-il que ces pensées et ces sentiments représentent pour elle une telle réalité ? Deux êtres s'aiment, ils ne voient pas leur amour, ils ne le touchent pas, mais à cause de lui ils sont prêts à remuer ciel et terre. Et l'âme, et la conscience, qui les a vues ? Quand on dit au tribunal : « En mon âme et conscience, je condamne cet homme », alors on décide du sort d'une personne au nom de quelque chose qu'on n'a jamais vu et dont on met l'existence en doute ? C'est cela, se montrer réaliste ?...

Sans vouloir l'admettre, les humains ne croient qu'à des choses invisibles, impalpables. Ils pensent, ils sentent, ils aiment, ils souffrent, ils pleurent toujours pour des raisons invisibles, mais en même temps ils s'obstinent à prétendre qu'ils ne croient qu'à ce qu'ils voient. Quelle contradiction !

Rencontrer un Maître qui n'abusera jamais de son amour, voilà le plus grand bonheur pour un disciple. Car c'est grâce à cet amour pour son Maître que le disciple va avancer, s'enrichir. L'amour fait des miracles chez le disciple parce qu'il produit des échanges, une osmose entre son Maître et lui. Mais à condition, bien sûr, que cet amour soit aussi désintéressé. Combien de disciples disent qu'ils aiment leur Maître ! Ils l'aiment, c'est-à-dire qu'ils le harcèlent, ils le surchargent. Quelles bénédictions cet amour va-t-il leur apporter s'ils ne savent pas comment aimer leur Maître ? Ils vont se ronger parce que le Maître ne peut pas répondre à leurs exigences, et lui sera écrasé par les fardeaux dont ils sont en train de le charger. Eh bien, ce n'est pas cela, aimer. Tous les disciples qui prétendent aimer leur Maître, est-ce qu'ils ont pensé au moins une fois à lui apporter quelque chose de bon avec leur amour ? Eh non, toujours des fardeaux ! Le véritable amour doit apporter à celui que vous aimez la lumière, la beauté, la paix. Et c'est à cette condition que votre amour vous fera vous aussi progresser.

Chaque jour vous vous instruisez, vous acquérez de nouvelles connaissances ; mais si vous ne vivez pas en harmonie avec les lois divines, ces connaissances vous quitteront. Vivre en harmonie avec les lois divines, c'est posséder la véritable science de la vie. À ce moment-là, oui, le savoir éternel, universel, cosmique, vient s'engouffrer en vous, et chaque jour vous faites de nouvelles découvertes, vous recevez de nouvelles révélations. Ce savoir, vous le possédez déjà, mais il est si profondément enfoui que vous pouvez difficilement le faire apparaître à la surface. Seule, la vie harmonieuse, divine, peut vous aider à le découvrir ; sans lire, sans vous instruire, vous connaissez déjà l'essentiel. C'est pourquoi, je vous le dis, ne comptez pas sur vos connaissances livresques : si vous ne vivez pas en harmonie avec le Ciel, tout s'effacera, tout vous quittera ; même les dons que vous avez vous quitteront. Mais efforcez-vous de vous mettre en harmonie avec le monde divin, et le vrai savoir viendra s'installer en vous.

Chercher le bonheur, c'est comme courir après une balle à laquelle, au moment de l'attraper, on donne un coup de pied. Pourquoi ? Pour pouvoir continuer à courir après elle ! C'est dans cette course qu'on se sent stimulé ; c'est dans cette recherche, cet élan pour toucher au but que l'on trouve en réalité le bonheur. Alors, quand vous avez un désir, ne vous pressez pas de le satisfaire, car c'est lui qui vous soulève, qui vous remplit.

Tâchez donc de comprendre cette loi et mettez dans votre âme, dans votre esprit, des désirs que vous ne pourrez jamais réaliser : ce sont ces désirs qui vous feront vivre. Oui, voilà le secret. Pourquoi demander quelque chose qui pourra se réaliser en quelques mois, en quelques années ? Mettez-vous à la recherche de ce qui est le plus lointain et le plus irréalisable : la perfection, l'immensité, l'éternité, et en chemin vous trouverez tout le reste : la connaissance, la richesse, la puissance, l'amour… Vous les aurez sans même les demander.

Les états psychiques négatifs comme le chagrin, la tristesse, le découragement, sont des impuretés que vous avez laissé pénétrer en vous et qui troublent votre organisme psychique, comme le poison ou d'autres substances toxiques troublent l'organisme physique. Mais si vous apprenez à utiliser les pouvoirs de l'eau, vous aurez les moyens de remédier à ces états.

Regardez l'eau couler, écoutez-la : que ce soit une source, un ruisseau, une cascade, l'eau qui coule libère le plexus solaire en entraînant les éléments obscurs qui le perturbaient. Car l'eau qui coule est l'image du renouvellement perpétuel de la vie, et en la regardant on est influencé. Évidemment, en ville, dans la vie quotidienne, il n'est pas facile de rencontrer des sources et des cascades, mais alors, ouvrez un robinet ! C'est moins poétique, mais cela peut être aussi efficace. L'essentiel, c'est de se concentrer sur l'eau qui coule.

Pour un véritable psychologue, communisme et capitalisme ne sont pas des idéologies ennemies ; ce sont deux tendances qui existent dans l'être humain et qui sont toutes les deux indispensables car complémentaires : il faut être capitaliste pour mieux devenir communiste, et voici comment.

L'être humain possède un grand capital : la vie, et il a la propriété de ces « moyens de production » que sont ses yeux, ses oreilles, son cerveau, ses poumons, son cœur, ses bras, ses jambes, etc... Il les exerce, les entretient, les perfectionne et les conserve pour lui : il est « capitaliste ». Mais quand son capital commence à produire, il doit organiser cette production afin de faire profiter les autres de ses gains ; il vivifie, il éclaire, il réchauffe : il devient « communiste » !

On ne peut pas être communiste si on ne sait pas d'abord être capitaliste pour faire fructifier son capital. Et on n'est pas non plus un bon capitaliste si on ne distribue pas sa richesse, car à ce moment-là tout ce que l'on possède stagne et pourrit. Communisme et capitalisme, les deux vont ensemble et sont absolument nécessaires pour la bonne marche du monde.

Quand vous pensez, c'est déjà comme si vous parliez. Cette parole intérieure est réelle, puissante, magique, et c'est elle que l'on appelle le Verbe. Le Verbe, c'est la pensée qui ne s'est pas encore traduite par la parole, dans le plan physique ; mais elle s'exprime déjà par des formes, des couleurs, des sons. Quand vous parlez intérieurement avec toute votre âme et tout votre cœur, les plantes, les animaux, les oiseaux, les insectes comprennent votre langage, et les planètes, les étoiles, les Anges, les Archanges eux aussi vous comprennent. Dans le monde invisible, les créatures ne se parlent pas avec les mots d'une langue, mais avec les couleurs, les formes, les mélodies qui émanent d'elles, et chacune sait immédiatement interpréter ce langage. Un jour viendra où les hommes communiqueront entre eux avec leurs seules émanations, et ils se comprendront, parce que le Verbe est le langage universel.

Que sera la nouvelle vie ? Imaginez que vous sortiez le matin de chez vous pour aller au travail et que sur votre chemin vous rencontriez des dizaines de personnes qui vous adressent chacune un regard plein de joie, de lumière et d'amour… Voilà, ce que sera la nouvelle vie. Pour le moment, malheureusement, la réalité c'est qu'au contraire on croise dans les rues tant de gens qui jettent des regards tristes, inexpressifs ou hostiles, que l'on est démagnétisé. On se demande comment ces gens se conduisent dans leur famille, et surtout comment ils peuvent se supporter ! Pourquoi est-on tellement avare d'un sourire, d'un bon regard, de tout ce qui peut inspirer la joie, la confiance ? Que perdra-t-on à donner de temps en temps quelque chose de soi ? Le jour où les humains connaîtront leur richesse et sauront la distribuer, ce sera le commencement de la nouvelle vie.

28 Mai

Les gens riches, savants, glorieux, ceux qui ont remporté des succès, qui ont une place en vue dans la société, voilà ceux que vous avez tendance à remarquer et à apprécier. Et quand vous rencontrez des êtres qui manifestent de grandes qualités morales : la patience, la bonté, l'indulgence, la pureté, la générosité, vous ne les appréciez pas, et d'ailleurs vous ne les remarquez même pas. Mais quand comprendra-t-on que c'est grâce à ces êtres, qui n'attirent ni l'attention ni les regards, que l'existence est encore possible sur la terre ? Pendant que les autres se démènent pour se faire remarquer et occuper les premières places, eux, dans l'ombre, modestement, poursuivent leur activité bénéfique. La lumière, la paix, l'harmonie qui émanent d'eux purifient l'atmosphère et rendent l'air plus respirable pour tous. Je ne vous dis pas cela pour que vous vous détourniez de tous les gens brillants et talentueux, non, car parmi eux aussi, heureusement, certains possèdent de grandes qualités morales. Je veux seulement attirer votre attention sur la présence d'êtres simples, bons et purs, que vous n'aviez pas jusque-là l'habitude de remarquer.

Dès que vous réalisez qu'en succombant à certaines tentations vous avez fait fausse route, changez de direction, éloignez-vous rapidement de ces régions dangereuses où vous vous êtes égaré. Comprenez que tout votre avenir dépend des régions vers lesquelles vous vous dirigez.

La religion enseigne que Dieu nous punit pour nos mauvaises actions et nous récompense pour les bonnes. Mais ce n'est là qu'une façon de présenter les choses. En réalité, Dieu ne nous punit pas et Il ne nous récompense pas non plus. C'est nous qui, par nos pensées, nos sentiments, nos actes, choisissons d'aller dans telle ou telle région intérieure ; et ensuite nous avons à souffrir, ou alors nous bénéficions des conditions magnifiques de ces régions. Et ce n'est pas la même chose d'aller dans les régions de la lumière ou dans celles des ténèbres !

Ce n'est pas parce que vous aurez donné à votre corps physique, à votre cœur et à votre intellect tout ce qu'ils réclament que vous vous sentirez comblés. Pourquoi ? Parce que vous avez négligé votre âme qui, elle aussi, a faim et soif. Nourrir le corps physique, le cœur, l'intellect, c'est nécessaire, mais insuffisant, et le fait que de plus en plus d'hommes et de femmes se mettent à faire usage de la drogue est un avertissement. Oui, c'est un signe que l'âme ne peut pas se faire comprendre, elle étouffe, elle voudrait voyager dans les espaces infinis, s'élancer vers les régions célestes. Mais ce n'est pas la drogue qui peut satisfaire l'âme ; et de plus, elle détruit le corps. Et les humains, les pauvres, ne savent pas interpréter le langage de l'âme. La drogue ne sera jamais une solution, car elle est un élément que l'on donne au corps physique, et ce n'est pas le corps qui veut s'évader. Le besoin d'évasion vient de l'âme, c'est donc l'âme qu'il faut enfin nourrir.

Les humains ont encore besoin de l'aspect matériel et tangible de la religion. Mais le jour où ils travailleront à éveiller en eux certains centres subtils – ceux que la philosophie hindoue appelle les chakras – ils parviendront à une compréhension supérieure des choses qui leur permettra d'abandonner les formes extérieures. En effet, ces formes leur apparaîtront beaucoup moins vivantes, intenses et puissantes que ce qu'ils vivent intérieurement, et ils n'auront même plus besoin de temples ni d'églises.

Les innombrables édifices religieux qui existent de par le monde ont leur raison d'être. Grâce à la ferveur de tous les fidèles qui sont venus y prier depuis des siècles, les églises, les temples sont imprégnés d'une atmosphère sacrée. Mais même les plus belles basiliques, les plus splendides cathédrales ne peuvent se comparer à un corps humain qui a été purifié, sanctifié et qui est devenu un véritable temple. Quand l'homme a fait de son corps un temple et prie dans son propre temple, alors le Seigneur l'écoute et l'exauce.

Certains comportements des humains demeurent inexplicables parce qu'on ne connaît pas les relations qui existent entre leur nature inférieure et leur nature supérieure. Ainsi, il arrive que des personnes qui ont été durant des années des modèles de moralité et de vertu, deviennent un jour la proie de passions incontrôlées et se livrent à toutes sortes de débordements. Et inversement, on a vu des criminels ou des débauchés prendre soudain le chemin de la bonté, de la pureté et du sacrifice. L'exemple de l'arbre peut nous fournir une explication. Avez-vous observé comment, dans l'arbre, les branches sont liées aux racines ? En même temps qu'elles s'allongent ou s'épaississent, les racines se développent aussi en s'enfonçant de plus en plus profondément dans la terre. Eh bien, pour l'homme, comme pour l'arbre, le plus haut est lié au plus bas, et réciproquement. S'il n'en est pas conscient, et s'il n'étudie pas dans la Science initiatique comment fonctionne cette liaison entre le haut et le bas, de nombreux phénomènes de la vie psychique lui resteront longtemps impossibles à maîtriser ou même seulement à comprendre.

Les êtres qui suscitent le respect et l'admiration sont toujours ceux qui ont lutté, qui se sont dépassés, qui ont triomphé des obstacles et des épreuves. Pourquoi, par exemple, les gens et surtout les jeunes, admirent-ils tellement les sportifs ? Parce qu'ils cherchent toujours à se dépasser. Même s'il ne s'agit que de courir, de sauter, de nager ou de grimper, le goût de l'effort, l'endurance, le courage sont toujours considérés comme de grandes qualités. Alors, pourquoi ne pas essayer de manifester ces mêmes qualités dans la vie de tous les jours ? C'est bien de concentrer tous ses efforts à courir et nager plus vite ou plus longtemps, sauter plus haut, mieux attraper un ballon et taper dedans, mais il est encore plus utile de se dire : « Je serai plus patient dans les difficultés, je vaincrai la tristesse et le chagrin, je me maîtriserai davantage… » Eh oui, là aussi on peut faire des exploits, remporter des victoires. Pourquoi n'essayez-vous pas ?

À la différence des instincts qui pendant des millénaires ont eu tout le temps de se développer en l'homme, les facultés de raisonnement, la sagesse, qui sont chez lui d'apparition beaucoup plus récente, ne sont pas encore solidement implantées. En réalité, l'intelligence, la sagesse sont antérieures à toutes les autres manifestations, mais comme elles appartiennent à des régions très éloignées des instincts qui habitent l'homme, elles doivent faire un long chemin pour venir se manifester en lui, et elles ne sont même pas toujours bien acceptées.

La sagesse est antérieure à la création du monde, ainsi qu'il est écrit dans le *Livre des Proverbes*. La sagesse se présente et dit : « Moi, la Sagesse, l'Éternel m'a créée la première de ses œuvres. J'ai été établie depuis l'éternité, dès le commencement, avant l'origine de la terre… Lorsqu'Il posa les fondements de la terre, j'étais à l'œuvre auprès de Lui, et je faisais tous les jours ses délices. » La sagesse est donc apparue la première, mais son installation en l'homme ne date pas de longtemps, et c'est pourquoi elle n'est pas encore solidement ancrée en lui.

Il suffirait que les humains apprennent à regarder le soleil pour découvrir le sens de leur vie. Mais ils ne le regardent pas, ou bien ils le regardent en pensant à autre chose ; c'est pourquoi ils ne reçoivent de lui qu'un peu de chaleur et un peu de lumière. Ils doivent apprendre quelle est la nature de ses rayons et se préparer à les recevoir afin de bénéficier de toutes leurs richesses.

Qu'est-ce qu'un rayon de soleil ? Un flux de milliards de particules, et chacune de ces particules est une entité vivante qui contient un savoir formidable concernant le soleil et ses habitants. Quand vous aurez appris à recevoir les rayons du soleil, à les comprendre, à les déchiffrer, ils vous apporteront le savoir du soleil, et non seulement son savoir, mais aussi son amour pour toutes les créatures, et enfin sa vie, sa force. Les rayons du soleil peuvent tout vous donner, mais à condition qu'ils trouvent en vous une porte ouverte.

Les passions sont comme des feux dévorants qui se préparent à anéantir ce que l'homme possède en lui de plus précieux. Mais parce que les passions lui donnent l'illusion de vivre intensément, au lieu de chercher à les maîtriser, il les alimente sans se rendre compte que ce qu'il perd alors, il ne le retrouvera plus jamais. Combien de gens sont comme des enfants qui jouent avec des allumettes : ils mettent le feu pour voir monter les flammes et ils poussent des cris de joie, tandis que tout est en train de se consumer. Les pauvres malheureux ! Ils ne savent pas que dans leur organisme et particulièrement dans leur cerveau, ce feu s'accompagne de secousses, de fissures, d'effondrements ; et même si les effets ne sont pas immédiats, le jour où ils apparaissent, ils sont irrémédiables. Alors, efforcez-vous de prendre conscience des répercussions de vos émotions, de vos sensations sur votre équilibre physique et psychique, afin de poursuivre harmonieusement la construction de votre édifice intérieur.

Certaines paraboles de Jésus dans les Évangiles ont pour thème les relations entre un ou plusieurs serviteurs et leur maître. Oui, car c'est là une image, parmi d'autres, des liens qui unissent les humains à Dieu. À travers ces paraboles il faut comprendre que tous ceux qui ne sont pas semblables à des serviteurs engagés dans un travail pour le Royaume de Dieu, resteront éternellement affamés, assoiffés, faibles, tourmentés. Pourquoi ? Parce qu'ils ne recevront aucun salaire. Par contre, ceux qui sont entrés au service du Royaume de Dieu, qui veulent être des serviteurs du Ciel, sont comme des ouvriers qui reçoivent chaque jour, chaque heure, un salaire magnifique : des forces, des courants de lumière et d'amour, une joie, une dilatation, un émerveillement. Quand vous les rencontrez, vous êtes étonnés de les sentir si heureux, et si vous leur demandez ce qui leur est arrivé, ces serviteurs répondent : « C'est parce que nous travaillons dans le champ du Seigneur : nous recevons immédiatement notre récompense. »

Sous prétexte qu'ils sont à ce moment-là seuls dans leur chambre, les hommes et les femmes s'imaginent que l'acte sexuel ne concerne qu'eux. Eh bien, non, ils se trompent. Et ceux qui ont su garder leur lucidité pendant ces effervescences se sont rendu compte que ce qu'ils étaient en train de vivre produisait des émanations qui servaient à alimenter des entités du monde astral. Ces entités sont d'une telle avidité qu'ils sont obligés de les laisser se nourrir à leurs dépens et ils perdent ainsi beaucoup d'énergies précieuses. Comme ils ne sont pas capables de s'analyser, tous les ignorants s'exclament : « Ah, quels plaisirs nous avons goûtés ! » alors que c'étaient d'autres entités qui étaient aussi en train de se régaler à travers eux. Tant qu'ils vivront une vie passionnelle, instinctive, les hommes et les femmes seront dévalisés par ces entités inférieures. Mais qu'ils vivent un amour véritable, ils se renforceront, s'embelliront, et c'est eux, pas les autres, qui gagneront véritablement.

Dès que vous vous sentez mal disposé, triste, irrité, réagissez ! Faites votre possible pour sortir de ces états d'obscurité en allumant les lampes que le Créateur a placées en vous… toutes sortes de lampes, grandes, petites, colorées… Vous direz : « Mais comment les allumer ? » C'est très simple : exactement comme vous faites pour allumer les lampes chez vous. Vous avez chez vous une installation électrique qui dépend d'une centrale, et lorsque vous voulez vous éclairer, vous appuyez sur un bouton. Eh bien, intérieurement, vous possédez une installation identique, et on peut dire que cette installation reçoit le courant de la Centrale cosmique : Dieu. Dans le monde physique, il y a un bouton, un commutateur qu'il faut tourner ou presser ; mais dans le monde psychique, la pensée seule suffit à allumer vos lampes : vous vous concentrez sur la lumière en pensant que vous allumez des lampes dans tout votre être. Dès que certaines sont allumées, ne vous arrêtez pas, continuez, d'autres encore s'allumeront et à la fin ce sera véritablement l'illumination.

La vie vous apparaîtra toujours telle que vous êtes vous-même. Si vous vous dites : elle est belle, c'est parce qu'intérieurement vous êtes beau, et si vous pensez qu'elle est absurde et moche, c'est que vous êtes en train de vous apercevoir un peu dans ce miroir…

La vie est à notre image, nous n'y voyons que ce que nous portons en nous. C'est pourquoi il se trouve toujours une vie différente d'une autre vie. On dit : « la vie », et on croit savoir de quoi on parle, en s'imaginant que le monde entier possède le même degré et la même qualité de vie. Non, en disant : « la vie », chacun parle seulement à son niveau et ne se prononce que d'après sa propre vie. Mais la vraie vie dans toute son ampleur, sa grandeur, son immensité, on ne la connaît pas, on peut seulement s'en approcher ; et on ne s'en approche que si l'on est capable de rétablir le lien avec le monde de l'âme et de l'esprit.

10 Juin

Avec la pensée nous possédons un extraordinaire moyen d'action. Oui, car la pensée, qui nous permet de comprendre, nous permet aussi d'agir. Elle est bien plus qu'une simple faculté ayant pour but la connaissance, elle est la baguette magique, l'instrument de la toute-puissance. Évidemment, vous ne pouvez expérimenter ce pouvoir de la pensée qu'après avoir déblayé le terrain, c'est-à-dire après vous être dégagé de toutes les préoccupations ordinaires, médiocres qui peuvent l'entraver. Dès que vous y êtes parvenu et que vous tenez bien votre pensée sous votre contrôle, vous pouvez l'orienter dans la direction que vous désirez pour qu'elle fasse un travail : régulariser, ordonner, harmoniser les particules et les courants, en vous et dans le monde entier. Vous donnez des ordres, vous vous concentrez sur une idée, sur une image, sur un projet, et c'est la pensée qui va travailler, chercher des matériaux et les organiser.

Sans arrêt l'Intelligence cosmique envoie à travers l'espace des courants de forces bénéfiques, lumineuses, afin de travailler sur vous et vous rendre meilleur. Mais il faut que vous leur prépariez les conditions pour qu'ils puissent vous visiter. Si vous ne vous améliorez pas, c'est que vous ne faites rien pour leur ouvrir les portes. Par vos faiblesses, vos impuretés, vous fabriquez peu à peu une carapace qui vous rend imperméable à leur influence. Comment briser cette carapace ? Eh bien, vous devez faire un travail de purification, en sachant que tout renoncement à un vice, à une habitude pernicieuse, ouvre en vous une porte pour le monde lumineux. Puisque tellement d'amis du monde invisible veulent vous aider, pourquoi les en empêcher ? Ouvrez votre cœur et votre âme, dites : « Bienvenue, esprits lumineux, j'ai besoin de vous, donnez-moi votre lumière ! »

Nous vivons dans le monde et nous devons apprendre à avoir des relations avec lui, mais tout en laissant la première place à l'essentiel : l'âme et l'esprit. C'est d'après sa façon d'ajuster sa vie spirituelle et sa vie sociale que chacun révèle son intelligence, son amour, sa volonté, et rien n'est plus difficile. Pour les uns, la tentation est de s'enfoncer dans la vie sociale en oubliant la vie de l'esprit, et pour les autres de ne s'occuper que de la vie de l'esprit en oubliant la vie sociale. Mais il existe une troisième solution, et c'est celle que chacun doit trouver pour lui-même, car chaque cas est particulier. Celui qui se sent poussé à fonder une famille ne peut pas résoudre la question comme celui qui préfère rester célibataire. Celui qui a besoin de beaucoup d'activités extérieures ne peut pas mener la même vie que celui qui a un tempérament méditatif, contemplatif. Vous direz : « Mais alors, on ne peut prendre modèle sur personne ? » Si, pour les grandes lignes, mais pas dans les détails. Chacun a sa voie, sa mission, et même si vous prenez un Initié pour modèle, vous devrez toujours vous développer d'après votre propre nature.

On rapproche habituellement l'orgueil et la vanité, mais il y a entre eux des différences qu'il faut connaître. La vanité se montre bonne, aimable, généreuse ; elle va partout pour qu'on la voie, elle fait du bien pour qu'on la remarque, elle est serviable pour qu'on l'apprécie. Mais à celui qui la manifeste elle est souvent nuisible, c'est certain, car elle le ruine. Quant à l'orgueil, il n'est, lui, d'aucune utilité, même pas pour l'entourage, car il pousse les êtres à devenir durs et méprisants. L'orgueilleux veut être apprécié et respecté sans faire quoi que ce soit pour les autres. Satisfait de la bonne opinion qu'il a de lui-même, il ne va pas s'exhiber aux yeux du monde, il veut que ce soit le monde qui se déplace pour le découvrir. Et quand il constate qu'on ne lui apporte ni respect ni approbation, qu'on ne le reconnaît pas comme un être supérieur, il se ferme et s'assombrit. Chez le vaniteux il y a quand même une lumière… une lumière un peu fumeuse, c'est vrai, mais au moins il fait quelque chose pour briller. L'orgueilleux est sombre, il est sous le signe de Saturne, tandis que le vaniteux est plutôt sous le signe de Jupiter.

Dans tous les domaines les connaissances se multiplient, et on rencontre de plus en plus de gens instruits et cultivés. Mais alors la question qui se pose, c'est de savoir pourquoi, malgré tous les progrès, l'humanité ne s'améliore pas. Au contraire même, on voit de plus en plus de délinquants, de criminels, de malades mentaux. En réalité la réponse est très simple. Malgré leur instruction, les gens continuent à vivre de façon aussi désordonnée, malhonnête et insensée que les ignorants, et même pire qu'eux parce que leur savoir leur donne plus de possibilités. Les connaissances qu'ils accumulent restent théoriques, ils ne pensent pas qu'ils pourraient en retirer des enseignements pour l'amélioration de leur vie intérieure. Et c'est pourquoi maintenant la seule faculté qui manque véritablement aux humains est celle de se servir de leurs connaissances pour se transformer, pour spiritualiser, illuminer leur être intérieur. Il y a trop de gens instruits, il manque seulement des gens décidés à faire un travail sur eux-mêmes.

Comme le masculin et le féminin, le vide et le plein sont deux notions inséparables. Le vide attire le plein pour être comblé, et le plein recherche le vide pour lui donner de sa plénitude. Depuis l'origine du monde, c'est cette rencontre du vide et du plein qui crée et entretient la vie. Qu'est-ce que la conception d'un enfant ? L'union du vide et du plein. Qu'est-ce que la nutrition ? L'entrée du plein (la nourriture) dans le vide (l'estomac). Et qu'est-ce que la vie spirituelle ? La fusion du vide (l'âme humaine) et du plein (la Divinité). L'âme humaine est une vierge qui doit se montrer vide, c'est-à-dire réceptive et humble, afin d'attirer l'Esprit cosmique qui la fertilisera. Car plein et plein se repoussent. L'humilité est une sorte de pauvreté, mais elle est en même temps une richesse, car elle permet d'attirer la Divinité. Il faut être vide, c'est-à-dire humble, vis-à-vis du Seigneur, pour être comblé par sa plénitude. Si vous êtes rempli, gonflé, orgueilleux, vous Le repousserez. Vis-à-vis des humains, c'est différent : pour les aider, il faut être plein.

16 Juin

L'idée que les humains se font du bonheur est toujours plus ou moins liée à des possessions : de l'argent, une maison, une voiture, un métier… des amis, une femme, des enfants. Tant qu'ils ne peuvent pas les obtenir, ils sont malheureux, et s'ils viennent à les perdre, c'est la catastrophe. Mais celui qui arrive à découvrir un jour ce qu'est le vrai bonheur, comprend qu'en réalité il ne dépend d'aucun objet, d'aucune possession, d'aucun être, car il vient d'en haut, et il se réjouit sans même savoir pourquoi. Ce bonheur est un état de conscience qui ne le quitte pas. Même les difficultés et les épreuves de la vie n'arrivent pas à le troubler, parce que justement il ne dépend d'aucune condition extérieure, matérielle.

Ce bonheur, vous ne pourrez l'obtenir qu'en vous plongeant par la pensée dans l'océan de l'harmonie universelle. Vous sentirez qu'il est en vous comme un phénomène aussi naturel que la respiration : inspirer, expirer… inspirer, expirer… Oui, le vrai bonheur est comme la respiration de l'âme.

Si vous vous identifiez à votre corps physique, sachez que c'est l'idée de la mort qui prendra le dessus. Le corps est vulnérable, il s'affaiblit, il tombe malade et meurt, et si vous vous identifiez à lui, si vous ne cherchez rien au-delà de lui, toute la vie vous resterez faible, obscur, maladif, jusqu'à disparaître. Identifiez-vous à votre esprit, car l'esprit est puissant, lumineux, indestructible, immortel, et grâce à cette identification vous commencerez à devenir comme lui, invulnérable. Voilà l'avantage d'adopter une philosophie spirituelle.

Tout est dans la façon de comprendre. Malheureusement depuis des siècles on nourrit les humains avec des conceptions qui les affaiblissent, les anéantissent, et on appelle cela l'éducation ! Mais qui nous oblige à continuer de les accepter ? Nous devons remplacer ces vieilles idées par d'autres idées nouvelles, qui donnent la vie, la puissance, la force, l'élévation, afin de nous approcher de plus en plus de la Divinité.

En obtenant la liberté sexuelle, les jeunes générations pensent qu'elles ont remporté une grande victoire. Et c'est vrai, c'est une grande victoire contre l'hypocrisie et l'étroitesse d'esprit qui ont régné pendant des siècles. Mais le problème de la sexualité est-il résolu pour autant ? Après le refoulement, le défoulement… et voilà la porte ouverte à tous les dérèglements physiques et psychiques. Car il ne suffit pas, pour résoudre les problèmes, de conseiller l'usage de préservatifs, de contraceptifs ou de permettre l'avortement ; et les interdire ne sert à rien non plus. La question n'est donc pas d'autoriser ou d'interdire, mais d'étudier, de comprendre. La force sexuelle est une puissance millénaire contre laquelle il est impossible de lutter. Ce qui n'est pas une raison pour se laisser asservir par elle. Il faut savoir qu'il existe des méthodes pour la canaliser, l'orienter, afin qu'elle contribue au développement psychique, moral et spirituel de l'homme. Après avoir cherché et reçu ces explications, ce sera à chacun de réfléchir et de décider ce qu'il veut faire.

Il vous arrive par moment de penser : « Moi, pas question que je cède à qui que ce soit, personne ne me marchera sur les pieds, et celui qui s'opposera à moi, il verra ce qu'il verra ! » Eh bien, cette décision ne peut pas rester sans conséquence sur votre caractère, vos activités, les relations que vous aurez avec les autres. Vous allez devenir de plus en plus arrogant, dur, vindicatif, et toutes vos activités seront orientées dans la même direction : le pouvoir, la domination, la violence. Voilà comment vous vous mettez sur certains rails, et un jour ou l'autre vous serez entraîné à commettre des actes criminels.

De la même façon, si vous avez pour but l'argent, ou les plaisirs, ou la gloire, là encore vous vous mettez sur des rails déterminés et vous ne pourrez pas échapper aux conséquences de votre choix. Alors, attention, quand vous prenez des décisions ou que vous faites des projets d'avenir, tâchez de réfléchir où tout cela pourra vous mener.

L'itinéraire de l'être humain est identique à celui de la terre. De même que la terre est sortie du feu primordial, l'être humain est un esprit, une étincelle jaillie du sein brûlant de l'Éternel. Il a donc dû parcourir tout un chemin et, en cours de route, comme la terre, il s'est laissé lui aussi engourdir, refroidir, obscurcir. Mais l'être humain est prédestiné à retrouver les régions qu'il a quittées, et un jour, après des incarnations et des incarnations, il retournera auprès de son Père céleste. Et comme ce sont les mêmes lois qui régissent le destin de la terre et celui de l'homme, à ce moment-là la terre aussi aura évolué et deviendra un soleil.

Dans la mythologie, le phénix est cet oiseau d'Arabie qui, périodiquement, se plaçait sur un bûcher de plantes aromatiques, y mettait lui-même le feu, se consumait, puis renaissait de ses cendres. C'est pourquoi il est devenu le symbole des êtres très évolués qui, connaissant les lois de la vie immortelle, sont capables de se renouveler sans cesse. Ces êtres ont pris modèle du soleil. Tous ceux qui aspirent à la vie immortelle, qui est la véritable vie spirituelle et non un prolongement sans fin de la vie physique, doivent aller auprès du soleil. Seul le soleil peut leur apprendre quels sont les éléments qui donnent l'immortalité, et quel travail on peut faire avec eux. Ces éléments sont au nombre de trois : la lumière, la chaleur et la vie. Le soleil ne cesse de les distribuer à travers l'espace comme l'expression de la lumière, de la chaleur et de la vie divines. Le jour où vous comprendrez cette vérité et où vous vous préparerez à assister au lever du soleil comme si c'était l'événement qui dépasse tous les autres, alors vous boirez le soleil, vous vous nourrirez du soleil et vous deviendrez immortels, parce que vous saurez vous renouveler.

Vous avez un Maître, vous suivez son Enseignement, mais ne vous imaginez pas qu'il vous en restera quelque chose si vous ne faites pas des efforts pour que cet Enseignement devienne en vous chair et os. Il ne suffit pas de répéter : « Notre Maître est bon, notre Maître est sage… » et de faire à l'appui toutes sortes de citations. La bonté et la sagesse de votre Maître sont à lui, pas à vous. Tant que vous ne travaillez pas à les posséder vous aussi, elles vous sont presque inutiles.

Le véritable disciple ne se contente pas de vanter les qualités de son Maître et de citer ses paroles ; il fait sien son enseignement, il se confond avec lui au point qu'un jour, lorsqu'il parle, il ne sait plus si c'est sa pensée ou celle de son Maître qu'il est en train d'exprimer. Voilà ce que doit être l'idéal du véritable disciple. S'il ne travaille pas dans ce sens, il peut passer vingt ans, trente ans auprès d'un Maître, il ne lui en restera rien, et quand il reviendra dans une prochaine incarnation, il devra réapprendre comme s'il n'avait jamais eu ni Maître ni enseignement.

23 *Juin*

Les humains peuvent être comparés à des fleurs, ou à des fruits… Quand vous entrez en relation avec eux, quand vous les regardez, leur parlez, les écoutez, c'est comme si vous étiez en train de les respirer, de les goûter même, ils sont comme une nourriture. Or, que faites-vous la plupart du temps ? Vous regardez leurs vêtements, leurs bijoux, leur visage, leurs mains, leurs jambes, mais vous ne cherchez pas à vous nourrir, dans les plans subtils, de toute cette vie qui est là, cachée, cette vie qui émane de leur cœur, de leur âme, de leur esprit. C'est dommage. Soyez plus attentifs et tâchez d'apprendre à apprécier les humains qui sont porteurs de cette vie, arrêtez-vous devant eux en pensant : « Merci, Père céleste… merci, Mère divine. À travers ces « fleurs » et ces « fruits », j'ai la possibilité aujourd'hui de m'approcher de Vous, de Vous contempler ; à travers cette splendeur, je peux respirer vos parfums, goûter vos saveurs. » Et vous retournerez chez vous heureux à cause de tous ces fruits et ces fleurs que vous aurez rencontrés.

Dans beaucoup de religions Dieu est comparé à un feu, mais on ne sait pas grand-chose de ce feu, sauf qu'il est d'une puissance, d'une intensité impossible à supporter. C'est le feu de l'Esprit pur : à son contact, toutes les formes se fondent et s'anéantissent. Tous ceux qui ont reçu le baiser de ce feu se sont fondus en lui dans une même flamme.

Certains spiritualistes ont écrit des livres compliqués sur l'expérience des mystiques. En réalité, c'est très simple. L'expérience des mystiques est l'expérience du feu, du feu sacré. Un être qui a allumé en lui ce feu divin l'alimente chaque jour en lui jetant des morceaux de sa nature inférieure, exactement comme on jette du bois dans la cheminée. Regardez un feu brûler : tous ces morceaux de bois mort qui étaient jusque-là séparés, dispersés et inutiles, il les réunit dans une même lumière, une même chaleur, et ils sont obligés de devenir incandescents comme lui, le feu. De la même façon, c'est en sacrifiant nos instincts inférieurs au feu de l'esprit que nous connaîtrons ce qu'est Dieu, le feu divin : car nous deviendrons comme lui.

La santé est le résultat du travail que tous les organes de notre corps exécutent ensemble et en harmonie, pour le bien de notre être tout entier. C'est pourquoi, au moment où s'introduit dans l'organisme un élément qui n'obéit pas à cette loi de l'harmonie, il y crée des troubles, et c'est cela, la maladie : une désharmonie. Et le même phénomène se produit dans l'organisme psychique. Quand, par ses pensées, ses sentiments, ses désirs, l'homme laisse pénétrer des éléments qui ne vibrent pas en harmonie avec tout son être intérieur, c'est la maladie qu'il introduit aussi en lui. Alors, quand vous vous sentez troublé, tourmenté, au lieu de chercher à votre état des causes compliquées pour vous justifier, comprenez seulement que vous avez laissé entrer, dans votre tête ou dans votre cœur, des pensées ou des sentiments chaotiques, ténébreux. Cherchez-les et efforcez-vous de les éliminer.

Le bruit est évidemment une expression de la vie, mais pas de la vie dans ses degrés supérieurs : il révèle plutôt une imperfection dans la construction ou le fonctionnement des êtres et des objets. Une machine qui commence à faire toutes sortes de bruits est une machine qui a des défauts ou qui est mal utilisée. Psychiquement le bruit n'est pas bon pour l'homme, il le retient dans les régions inférieures et entrave son développement : il l'empêche d'entrer dans ce monde subtil où le mouvement devient plus facile, la vision plus claire, la pensée plus créatrice.

La douleur elle-même est un bruit qui nous prévient que les choses sont en train de se gâter dans notre organisme. Dans un corps sain, les organes sont silencieux. Bien sûr, ils s'expriment puisqu'ils sont vivants, mais ils s'expriment sans bruit. Le silence en nous est le signe d'un fonctionnement harmonieux.

Pour la majorité des humains le bonheur est synonyme d'amour, et ils ont raison. Seulement s'ils attendent d'être aimés, ils ne sont jamais véritablement heureux, parce qu'ils comptent sur des choses trop incertaines. À un moment ou à un autre ils seront aimés, mais le moment suivant on ne sait pas ce qui va se passer. Il ne faut donc pas compter sur l'amour des autres. Quand il vient, il faut lui souhaiter la bienvenue, mais mieux vaut ne pas mettre tous ses espoirs en lui. C'est pourquoi je vous dis : « Voulez-vous être heureux ? Ne demandez pas d'être aimés, mais aimez, vous, jour et nuit, et vous serez sans arrêt dans le bonheur. » Peut-être recevrez-vous un jour un amour formidable… Oui, pourquoi pas ? Cela peut venir, mais n'attendez pas. Voilà comment un sage résout ce problème : il compte sur son amour, il veut aimer. Et si les autres ne veulent pas aimer, c'est leur affaire, ils seront malheureux ; mais lui, il est heureux.

Vous êtes chagriné, tourmenté : comprenez que cet état est comme une matière empoisonnée que vous avez reçue, et que vous ne devez pas l'accepter comme ça sans réagir. Au lieu d'attendre qu'il disparaisse tout seul, il faut travailler sur ce tourment, ce chagrin, pour vous en débarrasser ou le transformer. Le véritable alchimiste est celui qui s'est habitué à considérer tous les événements qui se présentent à lui comme une matière brute, crue, qu'il doit élaborer. C'est ainsi qu'il devient fort et puissant, tandis que celui qui reste passif, qui ne réagit pas, est un pauvre malheureux qui sera toute sa vie malmené, écrasé.

Nos instincts, nos impulsions égoïstes représentent également une matière que nous ne devons pas laisser à l'état brut : il faut penser à lui ajouter un élément qui lui donnera une dimension spirituelle. Comme la matière n'est rien d'autre que la condensation d'une énergie, c'est à l'homme de s'occuper de la transformation de cette énergie, et il entre alors dans le domaine de l'alchimie.

Ce ne sont pas tellement les livres écrits par les humains qui intéressent les Initiés. Pourquoi ? Parce que, pour eux, le véritable livre est le grand Livre de la Nature Vivante. C'est sur ce Livre qu'ils sont sans cesse penchés pour en interpréter les structures et les formes. Et le Livre de la Nature Vivante ne se résume pas à l'inventaire des minéraux, des plantes, des insectes, des animaux, non, il comprend la totalité de la vie chez toutes les créatures et dans tous les mondes. Ce n'est donc pas le côté extérieur de la nature qu'il s'agit de connaître, mais la vie dans son jaillissement, son écoulement, et ses correspondances subtiles d'un plan à l'autre de l'univers.

Dans le livre de la *Genèse*, il est écrit qu'au sixième jour Dieu créa l'homme, et qu'Il le fit à son image. Mais quand on leur parle de l'avenir sublime qui attend l'humanité, il y a très peu de gens, même parmi les juifs et les chrétiens, pour prendre cette idée au sérieux. Alors, que font-ils de cette vérité essentielle révélée dans leurs Livres sacrés ? Si l'être humain a été créé à l'image de Dieu, il faut être logique, et en accepter les conséquences. Et justement, une de ces conséquences, c'est que malgré toutes les imperfections qu'on constate chez lui, il est promis à un avenir divin, sublime. On n'a pas le droit de limiter la portée de cette vérité, sinon quel avenir envisage-t-on pour l'image de Dieu ?

Vous pouvez agir par la pensée sur votre corps physique et remédier ainsi à certains troubles ou déficiences. Mais cela demande évidemment tout un travail préalable. Car les cellules de votre corps ne vous obéiront pas tant que vous n'aurez pas appris à vous dominer. Pour qu'elles se soumettent à vos ordres, il faut qu'elles sentent en vous un chef, un maître. Il a été souvent mentionné que, dans les forêts de l'Inde, des yogis peuvent méditer des heures sans que les fauves qui rôdent alentour viennent leur faire du mal. Oui, parce que les animaux sentent que ces yogis sont des êtres qui possèdent la maîtrise, la vraie force, et ils les respectent. Dans toutes les créatures est inscrit un sens de la hiérarchie spirituelle. Même les fauves peuvent sentir votre degré d'évolution ; alors, à plus forte raison vos cellules, qui sont comme de petits animaux intelligents, et si vous voulez vous imposer à elles, commencez par maîtriser vos pensées et vos sentiments.

Est-ce que les pensées se réalisent immédiatement ? Oui, mais dans la région qui est la leur, le plan mental. Pour qu'elles se réalisent dans le plan physique, il faut beaucoup de temps, car elles doivent traverser les différentes couches du plan astral (le plan des sentiments) qui est la région intermédiaire entre le plan mental et le plan physique.* Donc, si on souhaite que les pensées se réalisent plus rapidement, il faut nourrir en soi des sentiments qui correspondent à ces pensées. Vous avez vu dans la nature comment le soleil agit sur l'air (les vents), l'air sur l'eau (les océans) et l'eau sur la terre (les rochers). D'après la loi des correspondances le soleil représente l'esprit, l'air la pensée, et l'eau le sentiment qui agit sur la terre, le monde physique. Si les très grands mages ont le pouvoir de matérialiser leur pensée, c'est parce qu'ils ont appris à travailler sur les intermédiaires qui permettent de descendre de proche en proche jusque dans le plan physique.

* Voir note et schéma, p. 372-373

Vous n'avez pas encore suffisamment expérimenté les pouvoirs de l'amour. Par exemple : vous êtes inquiet, irrité, malheureux… Eh bien, au lieu de vous ronger ou d'aller partout vous plaindre et importuner les autres, restez tranquille. Commencez par respirer, puis prononcez un mot avec amour, faites un geste avec amour, envoyez une pensée avec amour… Vous constaterez que ce qui fermentait et se putréfiait en vous est chassé très loin. En faisant appel à l'amour, vous ouvrez une source en vous, et maintenant qu'elle a commencé à couler, laissez-la travailler, elle purifiera tout. C'est facile, il suffit d'ouvrir son cœur, de déclencher l'amour. Seulement il faut réagir tout de suite, ne pas attendre d'être submergé par l'irritation ou le chagrin. Essayez et vous vous demanderez pourquoi vous n'aviez pas encore utilisé cette méthode. On parle de l'amour, on rit, on s'amuse avec l'amour, au lieu de le mettre en œuvre comme le moyen le plus efficace pour trouver le salut.

Les vacances sont faites pour se reposer… Mais en réalité, la majorité des gens ne reviennent pas vraiment reposés de leurs vacances, car ils y ont gaspillé toutes leurs énergies physiques et psychiques dans la paresse, ou dans des occupations inutiles et avilissantes. Pour bien utiliser ses vacances, il faudrait les consacrer à un travail spirituel. Quand on a passé plusieurs mois de l'année dans des activités fatigantes et des obligations de toutes sortes, le meilleur repos est le travail spirituel : prier, méditer, se purifier, vivre dans la paix, admirer la main du Créateur dans toute la nature, occuper ses pensées à des sujets divins.

Je ne suis pas étroit et fanatique au point de vouloir priver les humains de tous les plaisirs de la vie. Au contraire, je veux leur montrer un chemin, les engager dans une voie où ils goûteront encore plus de plaisirs. La véritable vie spirituelle est tellement riche de joies et de plaisirs qu'on ne peut même pas les énumérer. Or, sous prétexte qu'ils sont en vacances et ont besoin de se distraire, la plupart des gens se privent de toutes ces vraies joies.

En théorie les humains sont extraordinairement savants, mais en pratique, que font-ils ? Ils savent qu'avec la patience on a plus de chances d'obtenir des résultats durables, mais ils ne sont pas patients. Ils savent qu'on réussit mieux avec la douceur qu'avec la violence, mais ils se mettent sans cesse en colère. Ils savent, ils savent... mais ils restent faibles, vulnérables, maladifs et malheureux. Dans l'Enseignement de la Fraternité Blanche Universelle, le disciple apprend que les connaissances n'ont de valeur qu'à condition d'être appliquées dans la vie. C'est son travail qui compte, le travail sur sa volonté, sa capacité de traduire ses connaissances par un comportement harmonieux, bénéfique pour tous. Dans les écoles ordinaires on ne tient compte que des connaissances livresques. Même si un étudiant présente quelques signes inquiétants pour l'avenir, cela n'a aucune importance : il a fait un bon exposé, il reçoit le diplôme ! Un Initié, lui, ne regarde pas comment vous exposez vos connaissances, mais comment vous les appliquez, et s'il juge l'application insuffisante, défectueuse ou criminelle, il ne vous donne pas le diplôme. Et même, dans certains cas, il peut vous refuser l'entrée de son école.

6 Juillet

Tous les jours on entend parler de la pollution de l'air. Mais si les humains étaient clairvoyants, ou même seulement sensibles, ils auraient constaté que l'atmosphère du monde psychique est encore plus irrespirable que celle du monde physique. Ils se plaignent des fumées d'usines, des gaz d'échappement des voitures… Mais eux-mêmes, individuellement, ils ne font rien d'autre que d'empoisonner l'atmosphère spirituelle par des émanations toxiques : leurs pensées et leurs sentiments de haine, de jalousie, de colère, de mécontentement. Eh oui, il faut savoir que tout ce qui fermente en l'homme comme pensées et sentiments malsains, produit des exhalaisons pestilentielles, asphyxiantes. On accuse les voitures, mais qu'est-ce que c'est, les voitures, à côté de plusieurs milliards d'individus ignorants qui donnent libre cours à leur nature inférieure ?

La nature étale devant nous toutes ses richesses. Mais envers celui qui ne la respecte pas, c'est-à-dire qui ne pense qu'à la faire servir à son propre usage limité et égoïste, elle se ferme. Or, c'est là précisément dans la majorité des cas l'attitude des humains envers la nature : la terre, l'eau, l'air, le soleil et les autres planètes. Pensez-vous que les mobiles qui font partir l'homme à la conquête de l'espace soient désintéressés ?

Beaucoup diront que ça leur est bien égal que la nature se ferme à eux. Peut-être, mais s'ils continuent dans cette voie, la nature ne se contentera pas de se fermer, elle va riposter. Et alors là, ils seront bien obligés de comprendre et de corriger leur attitude qui ne fait que prouver leur manque d'intelligence, leur manque d'amour, leur manque de volonté… leur manque de tout ! Manque d'intelligence parce qu'il fallait comprendre les lois de la nature ; manque de cœur, parce que s'ils aimaient les êtres qui la peuplent, ils n'auraient pas la cruauté de les détruire ; et manque de volonté parce qu'ils ont toujours choisi la solution de facilité. Eh bien, la nature leur donnera des leçons.

8 Juillet

Si vous voulez vraiment votre salut, ne cherchez pas tellement la facilité et le confort. Pourquoi ? Parce que celui qui vit dans des conditions matérielles idéales n'a plus tellement la possibilité d'exercer sa volonté et il ne progresse pas. C'est dans des conditions un peu difficiles, dans certaines privations que l'homme est obligé de faire des efforts, de se surpasser. Tous les êtres qui se sont manifestés comme des caractères exceptionnels avaient vécu dans des conditions difficiles, des privations, des persécutions même. Je ne dis pas cela pour que vous alliez volontairement rechercher la misère, la maladie ou les inimitiés ! Je veux seulement vous faire comprendre que les seules conditions à rechercher sont celles qui nous permettent d'exercer notre volonté, afin de progresser et de nous rapprocher du monde divin.

Il faut observer comment travaille la nature. Pour faire croître les fruits, elle donne l'humidité, mais si elle en donne trop, ils pourrissent. Elle envoie aussi la chaleur qui les fait mûrir, mais si la chaleur est trop forte, tout sera brûlé. La chaleur et l'humidité sont donc deux facteurs que la nature sait mesurer, doser.

Et nous devons, nous aussi, prendre modèle sur la nature en apprenant à doser l'humidité (l'eau) et la chaleur (le feu) qui sont représentées en nous par l'amour et la sagesse. Car la solution de beaucoup de problèmes est là. Si vous avez des difficultés avec votre entourage, en cherchant bien vous découvrirez qu'il y a certainement quelque chose à régler en vous : vous manquez d'eau ou de feu, ou bien vous en avez trop. Vos problèmes se résoudront quand vous saurez ajuster, mesurer et doser convenablement les éléments, comme le fait la nature, et partout autour de vous il y aura une abondance de fruits : la joie, le bonheur, l'harmonie.

10 Juillet

On ne peut pas empêcher une âme de marcher vers la lumière. L'âme est fille de Dieu, personne n'a de prise sur elle. C'est pourquoi un homme qui voit sa femme embrasser la vie spirituelle pour se perfectionner, doit se réjouir, et non essayer de l'en empêcher. D'autant plus que si sa femme s'enrichit intérieurement, lui aussi en bénéficiera. Et une femme doit laisser la même liberté à son mari.

Bien sûr, il n'est jamais préconisé que, sous prétexte de spiritualité, un homme ou une femme se mette à négliger ses obligations. Au contraire, pour entraîner et convaincre l'autre, celui des deux qui se sent le plus attiré par la vie spirituelle doit employer son intelligence et son cœur à préserver l'harmonie entre eux, et surtout ne pas dégoûter son partenaire de la spiritualité par une attitude fanatique. Il est important que, dans un couple, l'homme et la femme soient conscients de cette nécessité. C'est par la tendresse, la gentillesse, la patience, que l'un peut instruire l'autre et l'amener vers le Créateur.

Chacun doit être engagé, mobilisé pour un travail. L'Intelligence cosmique n'accepte pas qu'une particule se promène inoccupée, il faut qu'elle entre dans un ensemble, dans un système où elle trouve sa place. Pourquoi ? Parce que ceux qui se promènent à droite et à gauche, sans orientation, sans but, finissent par être la proie de forces obscures, et c'est bientôt pour eux la désagrégation et la mort, d'abord dans le plan psychique et finalement dans le plan physique. Il faut donc toujours s'engager dans une voie précise et, d'une façon ou d'une autre, décider de se mettre au travail.

Le sens de la vie est dans le travail. Certains disent qu'il est dans l'amour, d'autres dans le pouvoir, ou dans l'étude, ou dans le plaisir. C'est possible, bien sûr, c'est possible, mais pour un véritable Initié, il est dans le travail, un travail bénéfique pour tous et orienté vers un but divin. Méfiez-vous de tout ce qui n'est pas orienté vers un but divin, car partout où l'ordre et l'harmonie n'entrent pas, c'est le chaos qui entre.

Ce n'est pas en restant constamment auprès des humains qu'on les aide le mieux. Si vous voulez vraiment aider les autres, vous devez prendre l'habitude de vous éloigner un peu de temps à autre. Seulement voilà : il ne s'agit pas de les quitter pour aller n'importe où. Si vous quittez vos parents, vos amis, ce doit être pour vous élever, pour monter vers Dieu afin de recueillir des richesses que vous pourrez leur distribuer à votre retour. Comment un homme pauvre, faible, ignorant, peut-il aider les autres ? Il ne peut pas, et s'il essaie tout de même, il ne réussit qu'à créer le trouble et l'agitation autour de lui. Le seul moyen d'aider les êtres, c'est de partir de temps en temps dans sa patrie céleste et de revenir pour distribuer les richesses que vous avez ramassées.

La justice divine a ses lois qui ne sont pas toujours identiques à celles de la justice humaine. Prenons un exemple. Vous voulez faire du bien à quelqu'un, mais voilà que par ignorance ou maladresse, vous le blessez ; la justice terrestre, qui ne discerne pas vos mobiles, vous condamne d'après vos actes. Mais la justice d'en haut, qui connaît vos bonnes intentions, laissera peut-être les lois humaines vous punir, parce que cela ne la regarde pas, mais elle vous récompensera largement pour vos intentions divines et impersonnelles. Inversement, vous pouvez en apparence bien agir vis-à-vis de quelqu'un, mais avec l'intention cachée d'abuser de lui ; alors, tandis que sur la terre on vous appréciera, le Ciel, lui, vous punira, parce que les tribunaux célestes vous jugent non d'après vos actes mais d'après vos mobiles. Le domaine des actes et celui des mobiles ne dépendent pas de la même juridiction. Bien sûr, si vos mobiles, comme vos actes, sont divins, irréprochables, vous serez récompensé des deux côtés ; et si des deux côtés vous transgressez les lois, les deux tribunaux vous condamneront.

Il est dans la vocation de l'homme de participer au travail de Dieu. Jésus disait : « Mon Père céleste travaille, et moi je travaille avec Lui. » Et nous aussi, nous pouvons participer à ce travail pour que le Royaume de Dieu se réalise sur la terre. Que cette réalisation soit proche ou lointaine, cela ne doit pas tellement compter pour nous. Ce qui doit compter, c'est que du moment que nous participons à ce travail gigantesque, noble, divin, que nous mettons là toutes nos forces et nos énergies, nous sommes en train de nous rapprocher de la Divinité.

Il est très important de savoir dans quel but on travaille, où on place ses énergies. Ceux qui participent à des entreprises malhonnêtes, s'imprègnent sans le savoir des impuretés qu'ils remuent, et finissent par se détruire. Alors que ceux qui participent à une entreprise céleste ajoutent chaque jour à leurs corps subtils des particules de lumière. En travaillant pour le Royaume de Dieu, c'est en eux d'abord qu'ils commencent à l'installer.

Les humains sont extraordinaires : ils veulent être libres, indépendants, mais en même temps ils ne cessent de demander qu'on pense à eux, qu'on les aide, qu'on agisse ou travaille à leur place. Eh non, si vous voulez vraiment être libre, vous devez commencer par ne pas trop compter sur l'aide des autres. Chacun a ses soucis, ses problèmes, alors un jour on pense à vous et le lendemain on vous oublie, c'est normal. Et en admettant même que le monde entier soit disposé à vous aider, vous vous sentirez encore insatisfait. Pourquoi ? Parce que ce dont vous avez vraiment besoin, les autres ne peuvent pas vous l'apporter, c'est vous qui devez travailler à l'acquérir. Ce dont vous avez vraiment besoin, c'est de devenir plus raisonnable, plus fort, plus patient, plus éclairé... C'est ainsi que vous serez plus libre ! et il n'y a que vous qui, par vos efforts, puissiez y parvenir.

Il faut étudier le comportement des amoureux car il est plein d'enseignement. Un jeune garçon fait la connaissance d'une jeune fille, mais elle habite très loin et il doit la quitter. Il ne peut donc plus la voir, mais depuis leur première rencontre elle est dans son cœur, dans son âme, il vit avec elle, et elle est sans cesse pour lui un lien avec le monde de la poésie, de la beauté, de l'inspiration. Eh bien, intérieurement, ce garçon fait déjà une expérience de la vie spirituelle : une idée, une pensée, une image lui suffit, il n'a pas besoin d'une présence physique pour être heureux, inspiré. C'est qu'en réalité, l'idée que l'on se fait des choses et des êtres peut être plus puissante que les choses et les êtres eux-mêmes. Vous devez connaître cette vérité et savoir l'utiliser pour votre perfectionnement spirituel.

Un conte bulgare a pour titre « Tsar Troïan ». C'est l'histoire d'un roi qui, un matin, en se réveillant, découvrit qu'il avait des oreilles de bouc. À partir de ce jour-là, il fit tout pour les cacher, et personne n'en savait rien excepté son barbier qui le rasait tous les jours et qui avait promis de ne rien dire. Mais le barbier était un homme simple et il lui était difficile de garder un secret pareil ; alors un jour, n'y tenant plus, il alla dans la forêt, se coucha sur la terre et lui confia son secret. A cette même place, quelque temps plus tard un arbre poussa. Mais cet arbre était bizarre : les enfants utilisaient le bois de ses branches pour fabriquer des sifflets, et quand ils soufflaient dedans on entendait ces paroles : « Tsar Troïan a des oreilles de bouc ! Tsar Troïan a des oreilles de bouc ! » Le roi finit par l'apprendre ; il appela le barbier qui essaya de se disculper : il n'avait confié ce secret qu'à la terre. Oui, sans doute, mais à la terre non plus il ne fallait rien dire.

On retrouve ce conte initiatique en Grèce dans la légende du roi Midas qui avait, lui, des oreilles d'âne. Et de nos jours encore on entend dire que « les murs ont des oreilles. » Cela signifie que toute matière est un support sur lequel tout s'enregistre et à partir duquel, donc, tout se transmet. C'est une loi : chaque parole, chaque pensée, chaque sentiment s'enregistre, d'abord sur nous-même, mais aussi sur tout ce qui nous entoure, et peut donc être un jour connu de tous.

Vous rencontrerez peu de gens qui ne reconnaîtront pas qu'ils ont besoin de vivre dans l'harmonie, la lumière. Mais quand on leur dit ce qu'ils doivent faire pour cela, ils sont beaucoup plus réticents : ils pensent qu'ils doivent d'abord goûter à tous les plaisirs, à toutes les aventures pour « connaître la vie », paraît-il. Les pauvres, comment peuvent-ils s'imaginer qu'après avoir gaspillé dans ces expériences leurs énergies physiques et psychiques, ils seront en état de faire ce travail intérieur pour goûter cette harmonie, cette paix, cette lumière ? La seule chose dont ils seront encore capables, c'est de lire quelques livres pour en faire des citations : « Moïse a dit… Bouddha a dit… Jésus a dit… » Mais il leur sera évidemment impossible de réaliser ce que ces grands Maîtres ont dit. Eh bien, moi, je conseille de vivre l'enseignement des grands Maîtres, et pour le reste, les aventures passionnelles, etc. de se contenter de faire des citations. La littérature universelle est là pour vous apprendre ce que sont les passions humaines. Il n'y a qu'à lire, il n'est pas nécessaire de faire tellement d'expériences coûteuses pour les connaître. Alors, comprenez qu'il y a une vie qu'il est souhaitable de vivre, et une autre à propos de laquelle on peut se contenter de faire des citations !

Les humains qui depuis des millénaires ont entrepris d'explorer la matière, en arrivent à s'oublier et à se perdre en elle. Car la matière présente une telle diversité, une telle richesse, qu'il y aura toujours à voir, à entendre, à toucher, à goûter, à accumuler… Et avec tous les progrès scientifiques et techniques, l'époque actuelle n'est plus qu'une descente vertigineuse de la conscience humaine dans l'épaisseur de la matière. Mais même si la matière est inépuisable, elle ne peut donner que ce qui permet de satisfaire les besoins physiques ; alors le moment viendra où tous commenceront à se sentir rassasiés, saturés, et ils éprouveront le désir de s'élever vers les régions spirituelles. Ils sentiront qu'en retournant vers les hauteurs, ils retrouveront toutes les richesses qu'ils ont dû abandonner en descendant dans la matière. Et non seulement ils retrouveront ces richesses, mais encore, grâce à une meilleure compréhension, ils pourront bénéficier pleinement de tout ce qu'ils auront acquis dans le plan physique, où il y a tellement à étudier, à travailler et à se réjouir.

Que désirent avant tout les humains ? La facilité, l'aisance, le confort, le succès… Jusqu'au jour où ils sont obligés de reconnaître qu'en réalité, c'est le discernement, la force de caractère, la patience, la pureté, la bonté, qui sont les acquisitions les plus précieuses. Grâce à ces qualités, ils peuvent affronter les difficultés qu'on rencontre obligatoirement dans la vie, alors que sans ces qualités ils risquent même de voir les plus grands succès se transformer en catastrophes. Oui, il ne faut pas croire que les bonnes conditions soient obligatoirement les meilleures choses ; ce sont souvent des pièges pour tous ceux qui n'ont pas cultivé certaines qualités morales. Observez bien tout ce qui se passe autour de vous, et vous cesserez de souhaiter certains succès faciles et d'envier ceux qui les remportent.

Pour ne pas errer à l'aventure sur les chemins de la vie, les humains ont besoin d'instructeurs. Mais une fois instruits et éclairés, c'est à eux de travailler et de faire leurs expériences.

Prenons un exemple très simple. Vous avez la recette d'un plat qui vous a été donnée par un excellent cuisinier et vous avez aussi tous les ingrédients achetés dans les meilleurs magasins ; si vous ne vous décidez pas à aller dans votre cuisine pour préparer ce plat, vous n'aurez rien à manger. Et si vous continuez longtemps comme ça, vous finirez par mourir de faim. Il en est de même dans la vie spirituelle. Une fois que vous avez trouvé le chemin et que vous avez devant vous les meilleurs exemples, vous ne devez plus compter que sur vous-même. Les acquisitions des autres restent aux autres, c'est à vous maintenant de faire vos propres acquisitions. Ne vous contentez donc pas de dire que votre Maître est Moïse, Bouddha, Jésus, Mahomet, ou quelqu'un d'autre… travaillez !

Parce que l'univers a été créé par Dieu, toute la nature est l'expression de l'harmonie, de la perfection divine. En réalité, cette harmonie, cette perfection n'est nulle part mieux représentée que dans un corps humain. Partout ailleurs on voit cette beauté éparpillée : les océans, par exemple, représentent une partie du corps cosmique, les rivières une autre, les montagnes, le ciel, encore d'autres. Il n'y a que l'homme et la femme qui puissent l'exprimer en plénitude.

Dans l'homme et la femme Dieu a résumé toute la création. C'est pourquoi quand un corps humain, par ses proportions, ses émanations, se rapproche de cet idéal de beauté, un Initié le contemple avec délices. Il se dit : « Voici une créature qui reflète mieux que les autres toutes les vertus de Dieu. » Mais il ne s'arrête pas à cette créature : en la contemplant, il cherche à retrouver la splendeur du Créateur.

Les matérialistes ont certainement une philosophie critiquable, mais on ne peut pas nier leur bon travail. Ce sont des héros, ces gens-là ! Ils ont pris sur eux le fardeau énorme du travail sur la matière, et ils sont actifs, entreprenants, audacieux, ils sont capables de réalisations dont les contemplatifs, les mystiques sont incapables.

Mais il ne s'agit pas maintenant de prendre ces constatations comme un encouragement à quitter le camp des spiritualistes pour aller grossir l'armée des matérialistes. C'est bien d'exécuter un travail sur la terre ; mais de faire comme si seule la terre existait, c'est une erreur. Quand ils arriveront dans l'autre monde, les matérialistes se trouveront complètement démunis, parce qu'ils n'auront travaillé que pour la terre. Donc, voici la meilleure solution : être les deux, c'est-à-dire idéaliste quant à la philosophie, et matérialiste quant au travail afin d'être un bon ouvrier dans la matière. Car on ne peut bien agir dans la matière que si l'on donne, dans sa pensée, la première place à l'esprit.

Partout, où qu'on aille, on rencontre des créatures qui ont remplacé la lumière par des idéologies fantaisistes où elles ne se retrouvent plus elles-mêmes. Oui, trente personnes, cinquante philosophies ! De plus en plus, le monde est un hôpital où chaque malade a ses raisons de se plaindre de quelque chose : que ce soit seulement l'air, la lumière, la chaleur, la nourriture, ce qui fait du bien à l'un fait du mal à l'autre, et inversement. Prenez une famille : chacun s'applique à affirmer ses particularités. C'est normal d'être différent, mais pourquoi s'entêter à défendre ses différences quand ce sont des faiblesses ou des vices ? Même dans la maladie (symboliquement), les gens ont besoin de se singulariser : l'un le typhus, l'autre le choléra, l'autre la grippe… Et combien y a-t-il de fièvres ! Toute la famille est fiévreuse, mais différemment : chacun a sa fièvre qui n'est pas celle des autres… C'est très bien d'être original, mais au moins, que cette originalité se manifeste par des efforts pour s'élever dans la beauté et la lumière.

Le signe de Mercure : ☿ est fait des trois signes du soleil, de la lune et de la terre. C'est le cercle qui représente le soleil, le principe masculin. Au-dessus le demi-cercle représente la lune, le principe féminin, comme une côte extraite du soleil ; car ainsi qu'il est dit dans la Genèse : *« Alors, l'Éternel Dieu fit tomber un profond sommeil sur l'homme, qui s'endormit ; il prit une de ses côtes, et referma la chair à sa place. L'Éternel Dieu forma une femme de la côte qu'il avait prise de l'homme. »*

Mercure représente la combinaison, la fusion intelligente des deux principes masculin et féminin, le soleil et la lune, réunis par le signe + qui est aussi celui de la terre. Une des nombreuses variantes du symbole de Mercure est le caducée d'Hermès. Le caducée d'Hermès est constitué d'une baguette entourée de deux serpents entrecroisés ; il représente la faculté de guérir les âmes et les corps, et c'est pourquoi il est aussi resté le symbole des médecins et des pharmaciens.

Vous voulez connaître les relations qu'entretiennent le cœur et l'intellect ? Eh bien, je vous raconterai une petite anecdote. Un aveugle et un cul-de-jatte furent un jour traînés au tribunal, car on les accusait d'avoir volé tous les fruits d'un pommier. Le cul-de-jatte disait : « Mais, Monsieur le Juge, comment aurais-je pu faire ? Je n'ai pas de jambes. » Et l'aveugle : « Et moi, Monsieur le Juge, je ne pouvais pas non plus, je n'y vois rien ! » Évidemment, le juge était perplexe… Mais voilà que parmi l'assistance quelqu'un de plus avisé s'écria : « Mettez le cul-de-jatte sur les épaules de l'aveugle, ils n'ont aucune difficulté à cueillir tous les fruits d'un arbre ! » Et c'était la vérité : l'aveugle portait le cul-de-jatte, et le cul-de-jatte, qui y voyait bien, disait : « A gauche… à droite… un peu en avant… un peu en arrière. »

Alors voilà : le cul-de-jatte, c'est l'intellect, qui est perché sur les épaules de l'aveugle : le cœur. Le cœur, le sentiment est en bas, il désire, il souhaite. Et le cerveau, l'intellect qui est en haut, l'oriente pour qu'ils puissent ensemble cueillir les fruits, c'est-à-dire arriver à leurs fins. C'est ainsi que, suivant leur degré d'évolution, le cœur et l'intellect travaillent ensemble pour commettre des crimes ou de bonnes actions.

Quand il m'arrive de me prononcer sur les intellectuels et l'importance donnée aux études universitaires, ce n'est pas parce que je trouve les intellectuels tellement ridicules ou malfaisants, et les études tellement inutiles ou nocives. Non, ce que je critique, c'est cette tendance à considérer que les études et les travaux intellectuels représentent le summum de la connaissance et de la pensée, comme s'il n'y avait rien au-delà ! Si l'Intelligence cosmique a donné un intellect à l'homme, c'est pour qu'il l'utilise, et il l'utilise en faisant des recherches, des analyses, des mesures, des comparaisons. Bon. Mais le domaine qu'il peut explorer grâce à lui est limité, ce n'est pas l'intellect qui lui donnera de véritables certitudes. Les véritables certitudes, il ne pourra les acquérir que le jour où il se décidera à poursuivre ses investigations plus loin, dans le domaine de l'âme et de l'esprit.

En Grèce on l'appelle l'ambroisie, en Inde le soma, les alchimistes l'appellent l'élixir de la vie immortelle… Toutes les cultures ont mentionné l'existence d'un breuvage d'immortalité et disent comment le préparer. En réalité ce breuvage existe dans la nature, mais évidemment pas n'importe où : on ne le trouve que dans les régions les plus subtiles, les plus pures, et à certains moments particuliers comme au lever du soleil. Le lever du soleil est le moment le plus favorable de la journée pour s'abreuver de cette ambroisie que le soleil distribue partout dans l'univers et dont toutes les créatures vivantes, les rochers, les plantes, les animaux, les humains recueillent les particules. Le véritable breuvage d'immortalité est la lumière, et le matin au lever du soleil vous pouvez capter cette lumière pour en nourrir vos corps subtils.

Quand ils voient combien la science spirituelle est vaste et exigeante, au lieu de se réjouir, beaucoup sont effrayés et se dépêchent de rentrer dans leur coquille. Ils sentent qu'ils devront accepter beaucoup de changements dans leur façon de penser, mais aussi dans leur comportement ; et ça ne leur plaît pas d'être ainsi bousculés, ils préfèrent s'en tenir au petit monde limité qu'ils se sont fabriqué, c'est plus sûr, plus confortable. Eh bien, qu'ils se détrompent : celui qui reste à mijoter dans ses vieilles idées s'expose à de graves inconvénients, et ce sont les événements de la vie qui, sans lui demander son opinion, viendront le secouer pour l'obliger à évoluer. Abandonnez tout espoir de pouvoir être heureux et tranquille en vous laissant aller à la stagnation ; au contraire, conservez toujours précieusement en vous le désir de vous instruire et d'élargir votre champ de vision, afin d'élargir aussi votre champ d'action.

30 Juillet

Parce qu'ils vivaient en contact étroit avec la nature, les hommes d'autrefois savaient pénétrer ses secrets. Ils s'arrêtaient près d'une source, par exemple, et restaient là longtemps à la regarder couler, vive, limpide, fraîche, et à écouter son murmure. Peu à peu ils entraient ainsi en contact avec l'âme de l'eau, l'âme de la source. Et ils faisaient de même avec le feu, le ciel, la terre, les arbres : ils les contemplaient, ils les écoutaient. Avec le progrès de la civilisation (soi-disant), les humains ont perdu cette relation avec la nature, et c'est dommage, car ils se privent ainsi de toute cette vie qui circule dans l'univers et qui leur parle.

Essayez de devenir attentifs au langage de la nature. Même si vous avez l'impression de ne rien comprendre, cela n'a pas d'importance : l'important, c'est de vous ouvrir, car vous préparez ainsi les centres subtils qui vous mettront un jour en contact avec la vie universelle.

Il est important d'arriver à réunir en nous le Ciel et la terre, c'est-à-dire apprendre à vivre avec notre idéal divin, mais en même temps ne jamais perdre le sens de la réalité terrestre. C'est cela le véritable équilibre. Mais comme il est difficile à réaliser, ce que l'on rencontre le plus souvent, ce sont des idéalistes qui ne savent pas sur quel sol ils marchent, ou bien des matérialistes complètement obnubilés par les nécessités de la vie terrestre. La supériorité d'un enseignement spirituel, c'est de former des êtres qui savent qu'ils sont sur la terre pour y travailler, tout en ayant leur être intérieur entièrement consacré à la réalisation de leur idéal divin. Ils deviennent un avec cet idéal, ils se fusionnent avec lui sans perdre le sens de la terre. Ce sont là des êtres de l'avenir.

Quand comprendrez-vous que tout l'univers vous appartient ?... Alors, cessez de vous plaindre continuellement qu'il vous manque ceci ou cela. Ce qu'il vous manque, je vais vous le dire : il vous manque une philosophie divine. Je demande à quelqu'un : « Est-ce que tu connais tes possessions ? – Oui, une mansarde. – Pauvre malheureux, si tu peux dire une chose pareille, c'est parce que tu ne sors pas, tu restes enfermé entre tes quatre murs. Sors un peu, promène-toi pour voir ton héritage. Tu possèdes un domaine vaste, immense. Viens avec moi, regarde ce qui t'appartient : des forêts, des lacs, des rivières, des étoiles... Et regarde aussi en toi tout ce que tu possèdes, et tu comprendras que tu es extraordinairement riche, rien ne te manque. » La plupart des humains sont comme celui qui, plongé dans l'eau jusqu'au cou, continue à réclamer à boire : il est plongé dans un océan, mais il se laisse mourir de soif !...

Tous les jours on entend les gens se plaindre que le monde va mal, que la situation ne fait qu'empirer, etc. Mais à qui la faute ? Ils ont tous les éléments nécessaires pour que le Royaume de Dieu vienne sur la terre. Le seul obstacle est leur mauvaise volonté : ils ne veulent pas participer à ce travail pour le bien de l'humanité, chacun reste préoccupé de ses seuls intérêts ; alors que peut-il en résulter comme améliorations ? Si tout le monde consentait à faire les quelques efforts nécessaires, les transformations seraient très rapides. Mais le plus important est là : le consentement. Un homme comme Hitler, par exemple, croyez-vous qu'il avait des qualités tellement exceptionnelles ? Pas du tout, mais à cause des circonstances, il a obtenu le consentement de millions d'Allemands, et c'est pourquoi il est devenu tellement puissant. Et si maintenant, au lieu de donner leur consentement à des idées de racisme, d'exclusion, de violence, les humains se réunissaient autour des idées de fraternité universelle, ce serait l'avènement du Royaume de Dieu.

Que faire en face d'un malheureux ? Vous pouvez l'aider en lui donnant des vêtements, de la nourriture, des médicaments, un logement, ou bien en lui apprenant à se débrouiller tout seul. La première méthode est rapide, spectaculaire même parfois, puisqu'en quelques minutes la situation matérielle de quelqu'un peut être complètement modifiée. Mais cette aide n'est que momentanée, car les placards de nourriture vont se vider, les vêtements vont s'user, etc. et il faudra recommencer. Éclairer les gens est plus utile ; seulement, bien sûr, c'est beaucoup plus long et difficile.

Pour aider les humains de façon vraiment efficace, il faut prendre modèle sur la nature. Durant neuf mois la mère porte l'enfant dans son sein ; et elle mange, boit et respire pour lui… Puis elle lui dit : « Allez, maintenant, ça suffit, ne compte plus sur moi, tu dois sortir. » Au début, il pleure un peu ; puis il décide de se débrouiller et bientôt il y arrive très bien. C'est ainsi qu'il faut éduquer les humains. Commencer par leur donner ce dont ils ont besoin afin qu'ils puissent continuer tout seuls.

Que peut nous apprendre un fruit ? Vous prenez une pêche, par exemple ; elle possède trois éléments : la peau que l'on jette, la chair que l'on mange et le noyau que l'on plante. Vous direz que vous savez cela. Eh non, si vous le saviez, vous seriez plus vigilant. Comment ? Un homme (ou une femme) vous parle de son amour. Vous prenez toutes ses paroles et vous les mangez, vous les avalez même, sans faire aucun triage. Quelque temps après, vous voilà en pleine tragédie. Pourquoi ? Parce que vous n'avez pas compris la leçon du fruit. Certainement, cet homme ou cette femme avait mis de très bons éléments dans ses paroles, et vous pouviez les manger ; mais en même temps il aurait fallu savoir qu'on ne peut jamais faire absolument confiance à un être humain et, donc, que ces paroles contenaient nécessairement certains éléments qu'il valait mieux laisser de côté. Dans l'amour que l'on vous offre, il y a toujours des éléments que vous devez rejeter (la peau), d'autres que vous pouvez prendre (la chair), et un, enfin, que vous devez planter dans votre âme (le noyau). C'est pourquoi vous devez dire à cet être qui vous offre son amour : « Attends un peu : avant de te donner une réponse, je dois d'abord planter le noyau. Le fruit est succulent, mais je veux connaître l'arbre qu'il va produire. » Quand vous connaîtrez la nature exacte de cet amour, vous pourrez vous prononcer sans risque.

« *Au commencement Dieu créa le ciel et la terre.* » Dans ces premiers mots du livre de *La Genèse* est contenue toute la philosophie initiatique. Le ciel et la terre… Le ciel représente l'esprit, et la terre, la matière. Ce n'est pas sans raison que Moïse a d'abord mentionné le ciel, puis la terre, car le ciel doit être toujours premier. Voilà ce que les humains n'ont pas encore bien compris. C'est la terre qu'ils mettent à la première place ; et certains vont même encore plus loin : ils font comme si seule la terre avait été créée, et on ne sait même pas par qui ! En donnant la priorité à la terre, les humains ont introduit le déséquilibre dans la vie sociale, et ce déséquilibre se répercute aussi en eux. Car il faut savoir que l'origine de tous les déséquilibres est la méconnaissance de la place que le Créateur a donnée respectivement à l'esprit et à la matière. Bien sûr, il ne faut pas négliger la matière, mais il est encore plus préjudiciable pour l'homme de ne pas avoir compris une fois pour toutes qu'à la première place il doit mettre l'esprit.

Il est dit dans l'Évangile que, Jésus ayant pris avec lui ses disciples Pierre, Jacques et Jean, il les conduisit sur une haute montagne. Là, « *il fut transfiguré devant eux ; son visage resplendit comme le soleil, et ses vêtements devinrent blancs comme la lumière.* » Cette transfiguration était une irruption, dans le plan physique, du corps spirituel de Jésus, ce corps que la tradition initiatique appelle le corps glorieux, le corps d'immortalité. Quelques personnes ont pu voir le corps glorieux de certains Initiés ou mystiques quand ils étaient dans des états de ravissement et d'extase : leur visage rayonnait, la lumière jaillissait de tout leur être. C'est grâce à ce corps que l'Initié peut se déplacer dans l'espace, et agir aussi à distance sur les créatures pour les aider. Oui, et même si son corps physique est usé, malade, un Initié peut toujours continuer à travailler et envoyer de l'aide, car le corps physique et le corps de gloire sont deux réalités tout à fait différentes ; le corps de gloire est toujours là, vivant, rayonnant, et c'est à travers lui que l'Initié peut toucher les créatures à travers l'espace pour les instruire, les conseiller, les consoler et leur donner ses bénédictions.

Après avoir lu quelques livres d'ésotérisme, il y a des gens qui se croient capables de jouer le rôle de Maître spirituel. Et les autres, qui sont naïfs, au lieu de les étudier un peu pour voir vraiment comment ils se conduisent, vont les suivre les yeux fermés. Ils ne se demandent pas d'où ils viennent, comment ils ont vécu jusque-là, qui était leur Maître, qui les a envoyés… Ah, non, non, inutile de se poser la question. Il suffit que quelqu'un leur joue un peu la comédie et leur raconte qu'en trois jours ils seront initiés – moyennant une somme importante, bien sûr – ils le croient. Ils sont pressés, vous comprenez, l'Initiation ne doit pas durer plus de trois jours, et c'est pourquoi le premier charlatan ou escroc qui veut profiter de leur crédulité est le bienvenu : il leur donnera l'Initiation ! Eh bien, puisqu'ils fermaient les yeux, puisqu'ils tenaient tellement à être trompés, qu'ensuite ils ne se plaignent pas !

Même s'il existe des tribunaux et des juges, ce n'est pas à l'extérieur de nous que se trouve véritablement la justice. La justice absolue, la justice divine est en nous. Oui, parce que nos pensées, nos sentiments, nos actes, tout s'enregistre en nous et que nous ne pouvons échapper aux conséquences de ces enregistrements. Celui qui est là, seul dans sa chambre, en train de manigancer quelque projet pas très catholique peut penser : « Personne ne m'a vu, personne ne me condamnera. » Mais il se trompe, car en réalité, tout est déjà enregistré intérieurement. La nature a placé des appareils en l'homme, ce sont comme des compteurs où s'inscrit : tant d'eau, tant de gaz, tant d'électricité… c'est-à-dire combien de pensées, combien de sentiments, combien d'actes, et de quelle nature. Tout est enregistré. Donc, même quand vous êtes seul chez vous, essayez de réaliser de bonnes choses, car ces bonnes choses vont s'enregistrer. On a souvent représenté Dieu par un œil dans un triangle. C'était une façon de dire que Dieu a mis dans l'être humain des appareils qui voient tout, qui enregistrent tout…

Il est dit dans la *Genèse* que lorsque Dieu créa le premier homme et la première femme, Il leur donna un nom : Adam et Ève. Et ensuite Il les chargea de donner eux-mêmes un nom aux animaux et aux plantes. Pourquoi donner un nom est-il important ? Parce que le nom représente, résume, contient l'entité qui le porte.

Et quand un être parvient à s'élever à un degré supérieur de conscience, il reçoit un nom nouveau. Parce qu'il est un être régénéré. Il est né une deuxième fois et il doit recevoir un nom qui correspond à cette deuxième naissance. Par ses vibrations, son nom nouveau exprime exactement la quintessence de son être spirituel. Chaque homme, chaque femme porte un nom que lui ont donné ses parents à la naissance, mais la plupart du temps ce nom ne correspond pas à grand-chose. Tandis que le nom qu'il reçoit des entités célestes est exactement ce qu'il est au plus profond de lui-même.

Parce que l'homme a faim, il est obligé de se débrouiller pour trouver sa nourriture : ou c'est lui qui la produit, ou bien il travaille pour l'acheter. S'il n'éprouvait pas la faim, il ne ferait rien, ça c'est sûr. La nature, qui est prévoyante, a découvert un moyen radical contre la paresse : l'estomac ! La nécessité, le besoin sont les seuls remèdes à la paresse. Voilà pourquoi il faut laisser les paresseux dans le besoin : c'est lui qui les guérira. Malheureusement, beaucoup de mères ont de la peine à comprendre cette vérité : dans leur amour aveugle elles veulent épargner le besoin à leurs enfants, et c'est ainsi qu'elles les poussent à la paresse. Or, la paresse affaiblit les êtres. Les mères sont capables de comprendre beaucoup de choses, sauf que le véritable amour, c'est d'inculquer à leurs enfants le sens de l'effort. Le jour où elles l'auront compris, elles sauront qu'elles peuvent leur donner ce qu'il existe de plus précieux : la santé, l'énergie, le besoin de se dépasser, la joie de vivre.

Pour le spiritualiste, la nature ne doit pas être seulement un espace où il va goûter le silence et la paix ou admirer la beauté des paysages. Dans la nature, le spiritualiste a un travail à faire. « Mais quel travail ? » direz-vous. Vous êtes par exemple au bord de la mer, d'un lac, d'un fleuve… Adressez-vous à ses habitants en leur disant : « Esprits des eaux, réunissez-vous, et au passage de chaque bateau, inspirez aux hommes et aux femmes qu'il transporte le désir d'améliorer quelque chose dans leur vie. » Et faites la même chose où que vous alliez : dans un parc, dans une forêt, à la montagne. Tous ces esprits de la nature que vous avez alertés sont déjà en marche, vous les avez mis au travail, et ils aiment qu'on leur donne du travail. Les esprits de la nature ne savent pas ce que c'est que de travailler pour une idée divine, car ils ne sont pas doués de sens moral ; ils n'ont aucune notion de ce que sont le bien et le mal, et c'est pourquoi on peut les utiliser indifféremment pour l'un comme pour l'autre. Lorsque les humains décident de se servir d'eux pour leurs entreprises de magie noire, ils obéissent tranquillement. Alors, vous, au moins, apprenez à ne les utiliser que pour le bien, pour la réalisation du Royaume de Dieu.

L'idée, le motif qui vous fait agir, le but que vous voulez atteindre, voilà ce qui doit toujours vous préoccuper en premier. L'activité elle-même ne compte pas tellement. Est-ce qu'elle vous attirera de la considération ou vous rapportera de l'argent, laissez cela de côté. Il se peut qu'en suivant un enseignement spirituel, vous n'ayez pas l'air de faire grand-chose, mais si vous le suivez avec le désir de soutenir l'idée de la paix, de l'harmonie, de la fraternité dans le monde, vous ajoutez chaque fois quelques éléments pour votre avenir, pour votre évolution, et cela change tout votre destin. Pendant longtemps vous ne verrez peut-être aucun résultat, mais un beau jour les bénédictions pleuvront sur vous de tous les côtés, parce que tout ce que vous avez fait s'est enregistré et vous en recevez la récompense. Les humains vous jugent d'après vos réalisations matérielles, tandis que le Ciel vous récompense ou vous punit d'après vos mobiles. Et c'est donc du Ciel, et non des humains, que vous devez attendre la récompense de ce que vous faites en travaillant à soutenir l'idée de la paix et de la fraternité.

Comment peut-on imaginer que les humains pourront se comprendre et faire l'unité si dans leur compréhension, dans leurs attitudes, ils n'adoptent pas un point de vue plus élevé ? Tant que chacun se laisse mener par ses instincts, ses convoitises, ses intérêts, impossible de s'entendre avec les autres ! Pour commencer à s'entendre, il faut entrer d'abord dans le domaine du sentiment. Car la sympathie, l'amitié, l'amour contribuent à rapprocher les êtres. Pourtant, si le sentiment est nécessaire, il reste quand même insuffisant, car dans ce domaine encore les humains ont souvent pour guide l'intérêt, le plaisir. Pour trouver l'unité, il faut s'élever plus haut jusqu'au monde de la sagesse, de la raison, qui est le monde des principes. Car la vérité apparaît alors avec une telle évidence que tous sont obligés de partager une même vision des choses.

Vous devez tout consacrer au Seigneur, ce n'est qu'à cette condition que vous serez en sécurité. Consacrez-Lui votre esprit, votre âme, mais aussi votre corps, et même votre maison, votre argent : donnez-les-Lui… Rassurez-vous, le Seigneur ne viendra pas prendre votre argent pour l'abriter dans ses coffres, mais le geste, la pensée seulement que vous avez de tout Lui donner, met déjà cet argent en sécurité. Et ensuite c'est Lui qui vous inspirera ce que vous devez en faire. Vous êtes le banquier, le caissier, et Dieu, qui est le propriétaire, vous donnera de bons conseils grâce auxquels cet argent ne sera jamais perdu : parce qu'il Lui appartient. Pourquoi tant de gens riches perdent leur fortune ou font de mauvaises affaires ? Parce qu'ils n'avaient pas d'abord consacré leur argent à Dieu, qui est le seul capable de leur conseiller comment l'utiliser pour le bien.

Qu'est-ce que l'amour ? Une énergie cosmique qui est répandue partout dans l'univers. C'est pourquoi vous pouvez trouver l'amour dans la terre, dans l'eau, dans l'air, le soleil, les étoiles… Vous pouvez le trouver dans les pierres, les plantes, les animaux… Et vous pouvez aussi bien sûr le trouver chez les humains ; mais justement, pas seulement chez eux, comme vous avez trop tendance à le croire. Oui, pourquoi devez-vous vous sentir privé d'amour parce que vous n'avez pas un homme ou une femme à tenir dans vos bras ? Ce n'est pas le corps, ce n'est pas la chair qui vous donnera l'amour, car l'amour ne se trouve pas là. L'amour peut se servir du corps physique comme support, mais lui, il est ailleurs : il est partout, c'est une lumière, un nectar, une ambroisie qui remplit l'espace.

La véritable évolution de l'homme se fait sur la terre, pas ailleurs. Celui qui, à cause de ses crimes, est condamné après sa mort à souffrir longtemps dans les régions du plan astral doit ensuite revenir sur terre pour réparer le mal qu'il a fait. Car il ne suffit pas de souffrir, la souffrance n'est pas une réparation pour toutes les fautes qu'on a commises. Puisque c'est sur la terre qu'on a commis ces fautes, c'est sur la terre qu'il faut venir réparer. Il n'y a pas d'autre explication à la réincarnation. Si on avait déjà expié ses fautes dans l'au-delà, pourquoi devrait-on redescendre sur la terre ? En réalité il existe une loi d'après laquelle l'homme doit réparer ses erreurs dans toutes les régions de l'univers où ces erreurs ont produit des dégâts.

Seulement d'après la peau de quelqu'un, vous pouvez savoir qui il est : il y a quelque chose dans le grain, dans la couleur, qui parle tout de suite d'une vie spirituelle ou d'une vie ordinaire, grossière. Car la peau est le reflet de l'être intérieur. Mais ce qu'il est intéressant aussi de constater, c'est que la peau n'est pas, sur une même personne, identique partout : à certains endroits elle est tachée ou ridée. On rencontre même des personnes dont on a l'impression que la peau, pourtant blanche, est colorée de violet, de bleu ou de jaune. C'est la preuve que derrière cette façade qu'est la peau physique, il existe d'autres peaux qu'on ne voit pas et qui projettent des particules de natures différentes. La peau est donc un langage qu'il faut apprendre à connaître et à interpréter.

L'instinct de possession n'est pas, en soi, répréhensible. Celui qui veut posséder quelque chose a raison, la nature lui a donné ce droit. Son corps physique, par exemple, lui appartient, et il vaut mieux qu'il le garde pour lui. Qu'il se serve de son corps pour faire toutes sortes de distributions (des paroles, des regards, des sourires, des saluts, de l'aide) c'est entendu, mais il n'a pas à donner son corps. Regardez l'arbre : il garde ses racines, son tronc, ses branches, mais il distribue ses fleurs et ses fruits. C'est ainsi que la nature a organisé les choses. Et un Initié, qui a compris la leçon de la nature, fait exactement comme l'arbre : il conserve ses racines, son tronc, ses branches, symboliquement parlant, mais il distribue largement ses fleurs et ses fruits, c'est-à-dire ses pensées, ses sentiments, ses paroles, sa lumière, sa force. Vous aussi, apprenez à connaître ce que vous pouvez donner et ce que vous devez garder.

On peut attribuer aux maladies toutes sortes de causes, mais en réalité une maladie, quelle qu'elle soit, a pour origine des éléments impurs que l'homme a laissé s'introduire en lui, dans son organisme physique ou dans son organisme psychique. Ces éléments qui ne vibrent pas en harmonie avec la partie saine de l'organisme provoquent des troubles. Mais si on arrive à les chasser ou à les transformer, tout se rétablit. Voilà pourquoi la pureté est tellement importante pour la santé mentale et physique de l'homme, la pureté, c'est-à-dire le rejet de tout élément étranger au bon fonctionnement de l'organisme. Malheureusement, dès qu'ils entendent parler de pureté, les humains ferment leurs oreilles. La pureté est une notion qui leur paraît étriquée, dépassée, tout juste bonne pour être respectée dans les couvents, et ils continuent à avaler n'importe quoi : des nourritures indigestes, des atmosphères polluées, des pensées ténébreuses, des sentiments chaotiques. Quand comprendront-ils que ce sont ces impuretés qui les rendent malades ? Qu'ils travaillent sur la pureté et ils seront mieux portants, plus intelligents, plus sages et plus forts.

Il arrive qu'on dise de quelqu'un qu'il a perdu sa dignité d'homme, ou d'un autre au contraire qu'il a su garder cette dignité. Pour beaucoup, la dignité n'est pas une notion claire : on a tendance à la confondre avec la fierté ou l'orgueil. Non, notre véritable dignité d'homme ou de femme consiste à respecter tout ce que Dieu nous a donné, à commencer par notre corps physique, mais aussi notre cœur, notre intellect, notre âme, notre esprit.

En tant que disciples d'un Enseignement spirituel, vous devez vous pénétrer de la pensée que vous êtes des temples, des tabernacles de l'Éternel où ne doivent entrer et sortir que de la nourriture pure, des pensées, des paroles, des sentiments purs. Tous ceux qui ne surveillent pas ce qui entre en eux ou qui en sort, qui se laissent aller à faire n'importe quoi, à s'occuper de n'importe quoi, à dire ou à penser n'importe quoi, ne peuvent avoir conscience de leur véritable dignité d'êtres humains.

Dans l'Apocalypse, saint Jean décrit quatre Animaux qui se tiennent devant le trône de Dieu et qui, jour et nuit, ne cessent de chanter : « Saint, Saint, Saint est le Seigneur Dieu Tout-Puissant… » Le premier de ces Animaux est semblable à un lion, le deuxième à un taureau, le troisième à un homme, et le quatrième à un aigle. Ces quatre animaux se retrouvent aussi dans le zodiaque où ils sont représentés par cette croix que forment les deux axes Verseau – Lion et Taureau – Scorpion. Vous direz : « Mais un scorpion, ce n'est pas un aigle !… » Oui, bien sûr, mais ce remplacement de l'aigle par le scorpion a un sens. Il doit être compris comme un processus psychique. L'aigle vole très haut dans le ciel et regarde le soleil en face, tandis que le scorpion se traîne sur la terre loin de la lumière. Le scorpion doit donc être interprété comme un aigle qui est tombé. Et qu'est-ce qui a fait que l'aigle se transforme en scorpion ? Une orientation fautive de la force sexuelle qui, au lieu de s'élever de bas en haut, a pris le chemin inverse. Il appartient donc maintenant à chaque être humain de faire qu'en lui-même l'aigle reprenne la place du scorpion.

Quoi qu'en pensent les humains, il est toujours possible de trouver le moyen de satisfaire les besoins spirituels. Justement parce qu'ils sont spirituels : l'âme et l'esprit vivent dans l'immensité, l'infini, l'éternité, ils échappent aux conditions matérielles, ils sont libres !... On peut vous refuser ou vous ôter un titre ou une place dans la société, mais personne ne peut vous empêcher de vous sentir fils ou fille du Père céleste et de la Mère divine. On peut vous refuser la possession de quelques hectares de terrain, mais on ne peut pas vous priver de la contemplation de l'infini du ciel. Et si vous arrivez à contempler cette immensité, vous éprouverez une plénitude que ne vous donnerait pas la possession de la terre entière.

Quand vous aurez appris à créer une atmosphère purifiée de tout élément désharmonieux, vous sentirez que votre âme est visitée par des êtres invisibles qui viennent vous aider, vous protéger, vous transformer. C'est au sein de l'amour, de la beauté, de la pureté, de la lumière, que de grands changements peuvent se produire en vous.

Lorsque vous êtes dans une forêt, près d'une source, au bord d'un lac, restez là, immobile, laissez-vous pénétrer par le silence, la fraîcheur, la transparence. Lorsque vous écoutez chanter l'eau et les oiseaux, bruire les feuillages, lorsque vous regardez les étoiles, la nuit, abandonnez-vous à cette paix, à cette harmonie… Et vous pouvez aussi apprendre à sentir les humains comme vous sentez la nature. Quand vous êtes devant un être qui répand des parfums comme un jardin fleuri, de la musique comme une source, ouvrez-vous à lui, car cet être-là peut vous éclairer, vous guider, vous sauver.

Nous sommes des chercheurs d'or. Oui, nous aussi nous voulons devenir riches ! Mais au lieu de creuser la terre ou d'aller tamiser le sable des rivières, nous nous tournons chaque matin vers le soleil levant en essayant de capter sa lumière et de la condenser sous forme d'énergies, d'inspirations. Les alchimistes, qui avaient étudié les métaux et leur origine, disaient que l'or n'est rien d'autre que la lumière du soleil condensée dans les entrailles de la terre. Certains d'entre eux ont même su remonter ce processus de condensation et retrouver dans l'or physique toute la lumière, la chaleur et la vie du soleil. Grâce à certaines méthodes ils arrivaient à puiser et à absorber d'une lame d'or tout ce que le soleil y a condensé d'énergies depuis des millénaires. On ne sait pas encore quelle puissance est contenue dans quelques grammes d'or !

Transpirer est très bon pour la santé. Mais la transpiration physique ne suffit pas, et ne soyez pas étonnés si je vous dis que l'âme et l'esprit aussi doivent transpirer. C'est l'amour qui fait transpirer l'âme, et c'est la sagesse qui fait transpirer l'esprit. Évidemment, il faut comprendre le mot « transpiration » de façon très large. La transpiration est le symbole d'un échange parfait qui s'établit entre le microcosme (l'homme) et le macrocosme (l'univers). Physiquement ces échanges se font par la peau ; par la peau nous rejetons des déchets et nous absorbons des énergies. Mais dans le plan subtil, ces échanges se font par l'aura qui est notre peau spirituelle. Donc, si je dis que, comme notre corps physique, notre âme et notre esprit doivent aussi transpirer, je veux parler des échanges que nous devons faire, dans les plans subtils, avec la sagesse et l'amour divins.

C'est la triste vérité, mais la plupart des fruits et des légumes que nous mangeons sont imprégnés de forces négatives. Car la terre est un immense cimetière arrosé du sang des hommes et imprégné de leurs crimes. Et comme ceux qui la cultivent le font souvent sans respect, sans amour et même dans un état de révolte intérieure, leurs pensées, leurs sentiments entrent dans les semences et les empoisonnent. Par ignorance les humains ne cessent de se créer des conditions de vie malsaines. Combien il serait utile de nos jours de réapprendre l'art de cultiver la terre d'après les règles initiatiques ! Ces règles, qui étaient connues et respectées dans certaines civilisations du passé, concernent le travail avec les énergies cosmiques, pour que les semences jetées dans le sol captent ces énergies et donnent aux fruits de la terre le maximum de vertus nutritives et curatives.

L'amour est pareil à une source qui ne cesse de couler. Lorsque vous arrivez auprès de cette source, ne vous hâtez pas de boire. Arrêtez-vous devant elle, reposez-vous du long chemin parcouru ; recueillez l'eau dans vos deux mains, comme dans une coupe, et portez-la jusqu'à vos lèvres, mais tranquillement, ne craignez pas que cette eau s'épuise jamais.

La source de l'amour est inépuisable. Buvez donc sans hâte et avec reconnaissance cette eau de l'amour. Chacun de ceux qui vous aiment est une source à laquelle vous puisez, alors soyez attentif envers cette source, n'en troublez pas la limpidité.

Pour gagner l'amitié ou l'amour les uns des autres, les hommes et les femmes savent instinctivement qu'ils doivent user de paroles agréables, faire des compliments, offrir des cadeaux, c'est-à-dire flatter mutuellement leur vanité. En faisant cela, ce n'est évidemment pas à la nature supérieure des personnes qu'ils s'adressent, mais à leur nature inférieure ; c'est elle qu'ils caressent, qu'ils nourrissent. Comment s'étonner ensuite si une relation née dans des conditions pareilles se poursuit au milieu des malentendus, des tensions, des affrontements ? Le désir d'être aimé, d'avoir des amis est certainement un désir sincère et louable, mais malheureusement il ne se réalise pas dans n'importe quelles conditions. S'ils veulent susciter chez les autres des manifestations véritablement nobles et lumineuses, il faut que les hommes et les femmes tiennent compte de la nature supérieure qui est aussi en eux et qu'ils apprennent à s'adresser à elle.

Aimer un être, ce n'est pas vouloir l'attirer à soi sous prétexte qu'on a besoin de lui, mais chercher sans cesse à l'éclairer, à le renforcer, à le rendre de plus en plus conscient de sa prédestination divine.

Les états mystiques, le ravissement, l'illumination de l'âme et de l'esprit, sont pour beaucoup de gens des états anormaux, dangereux même. D'après eux, il faut faire seulement confiance à l'intellect, à la raison. Mais quand il s'agit des plaisirs, des instincts, des passions, ah, c'est différent : au lieu de faire marcher leur intellect et de voir qu'ils vont introduire en eux toutes sortes d'éléments nocifs qui les ravageront, ces gens tellement posés et raisonnables se laissent complètement aller. Dans ces cas-là, ils pensent qu'il est non seulement permis, mais préconisé de ne pas faire intervenir la raison, afin d'éprouver des sensations plus fortes. Et c'est cela qu'ils appellent « vivre ». Eh bien, ils se trompent : c'est là au contraire qu'il vaudrait mieux pour eux garder la tête froide, refuser ces plaisirs et tâcher plutôt de vivre des états divins.

L'Initiation a pour but d'arracher l'être humain au cercle limité de son moi inférieur pour le projeter dans le cercle illimité de la conscience cosmique. Cette conscience vit déjà au-dedans de lui, mais il n'en a pas encore une notion claire. Oui, comprenez qu'il existe deux pôles : vous-même, ici, la conscience que vous avez de vous-même, c'est-à-dire votre moi inférieur, et puis votre Moi supérieur, votre Moi sublime qui vit aussi en vous, qui travaille et se manifeste, mais dont vous n'avez pas encore pleinement conscience. Cet Être sublime veut se connaître à travers la matière dense que vous êtes ; il se connaît déjà en haut, bien sûr, mais il veut se connaître aussi en bas. Grâce à l'effort que vous faites pour vous représenter cette approche de votre Moi supérieur, il se produira un jour une telle illumination que votre conscience n'aura plus de limite ; vous serez dans la lumière et vous vous sentirez enfin un avec ce Moi divin.

Il peut vous arriver de vous sentir fatigué, chagriné, découragé… Et puis, le soir, vous vous endormez. En vous endormant vous vous échappez pour entrer dans un autre monde, et le lendemain, au réveil, vous vous sentez complètement régénéré. Que s'est-il passé ? Vous avez réussi à fuir, tout simplement, et les ennemis intérieurs qui vous poursuivaient n'ont pas pu vous rattraper. Cela se fait automatiquement dans le sommeil ; mais vous pouvez le faire consciemment à l'état de veille. Les soucis, les troubles, les tristesses que vous ressentez sont des entités qui vous poursuivent ; la seule façon de leur échapper est de changer de monde. Si le trouble se trouve dans le cœur, transportez-vous dans l'intellect ; s'il se manifeste dans l'intellect, fuyez dans le cœur ou dans l'âme. Si vous vous sentez poursuivi aussi dans l'âme, réfugiez-vous dans l'esprit. Dans l'esprit, rien ni personne ne peut plus vous atteindre.

Les émanations fluidiques des humains peuvent être comparées à différentes sortes de gaz. S'il existait des laboratoires équipés d'appareils suffisamment perfectionnés, on pourrait vérifier que certaines de ces émanations sont tellement souillées, impures, qu'elles ont, dans le monde psychique, une influence aussi toxique que des gaz asphyxiants. Et on pourrait faire aussi la constatation inverse : que les émanations d'un être spirituel sont extrêmement bénéfiques pour toutes les créatures. Parce qu'il a vaincu les faiblesses humaines, un tel être, par sa présence, agit favorablement sur tous ceux qui l'entourent ; et même les esprits qui ont quitté la terre viennent auprès de lui pour se nourrir de ses émanations. Si l'atmosphère de la terre n'est pas encore devenue tout à fait irrespirable, c'est parce qu'il existe des hommes et des femmes désintéressés et pleins d'amour qui ont consacré leur vie à la paix et à la lumière.

Pour beaucoup trop de gens, la spiritualité consiste à lire des livres d'ésotérisme. Ils n'y comprennent pas grand-chose, ils ne peuvent rien en faire, car il ne s'agit là que de théories – et des théories pas toujours exactes, ou même contradictoires – dans lesquelles ils ne se retrouvent pas, mais qu'importe ? Ils continuent à se gaver de ces lectures. Quand comprendront-ils que la spiritualité consiste à choisir quelques méthodes, à bien les étudier et à les mettre en pratique ? Car la seule chose qui compte vraiment, c'est la vie, la vie divine que l'homme doit vivre, c'est elle qui lui apportera toutes les connaissances du ciel et de la terre. Celui qui se contente de lire des livres perd son temps ; et même s'il est capable d'en exposer parfaitement le contenu aux autres, ils sentent très bien que, derrière cet exposé, il y a le vide, parce qu'aucun amour, aucune lumière, aucune compréhension profonde n'émane de lui. Les connaissances sont presque inutiles si elles ne sont pas vivifiées par l'amour et la lumière. Et l'amour et la lumière ne s'obtiennent pas en lisant, mais en appliquant chaque jour les règles de la Science initiatique.

Les hommes, les animaux, les plantes, les pierres, tous comprennent ce que dit le soleil. Car le langage du soleil est celui de la lumière, de la chaleur et de la vie. Le langage du soleil est le seul qui soit véritablement universel, et c'est donc à travers lui que Dieu s'adresse le plus clairement à nous. Si vous croyez que les Africains, les Indiens ont tous compris le langage chrétien, bien qu'on leur ait envoyé des missionnaires ! Pour beaucoup, c'est resté du charabia.

Il faut édifier la religion sur des bases que personne ne peut réfuter, et personne ne peut réfuter l'importance de la lumière, de la chaleur et de la vie. Jusqu'à maintenant trop d'importance a été donnée aux doctrines et aux formes extérieures : la liturgie, les cérémonies, les rites… La véritable religion doit enseigner aux humains la lumière, la chaleur et la vie. Et que sont la lumière, la chaleur et la vie ? La sagesse qui éclaire et résout les problèmes, l'amour désintéressé qui embellit, encourage et console, la vie subtile et spirituelle qui rend actif, dynamique et audacieux afin de réaliser le Royaume de Dieu sur la terre.

Les humains viennent sur la terre pour faire un travail, mais combien s'en souviennent ? La plupart ressemblent à cet ange qui, dit-on, avait voulu connaître ce qu'est la vie sur la terre. Pour mieux l'étudier il prit la forme d'un cochon. L'existence lui paraissait magnifique, délectable... Il mangeait des glands, ainsi que ce mets savoureux que l'on appelle pâtée. Il s'était marié avec une charmante truie, et il était entouré d'une quantité d'adorables petits cochonnets. Mon Dieu, quel bonheur ! Il ne pouvait plus s'arracher à une pareille félicité. Ses amis, là-haut, commencèrent à s'inquiéter : ce stage durait beaucoup plus longtemps que prévu. Ils lui envoyèrent des messages, mais rien à faire !... À la fin, ils se dirent que la seule solution était de précipiter le moment où on devait le transformer en jambon. Le cochon fut donc égorgé, et quand l'ange sortit de cette forme appétissante, il fut stupéfait d'avoir pu si longtemps s'oublier dans cet état et remercia ses frères de l'avoir libéré. Eh bien, souvent de telles aventures arrivent aussi aux humains. Ils s'enfoncent si profondément dans la matière, que le Ciel est obligé de leur envoyer quelques fortes secousses pour casser leur forme et libérer leur esprit.

Le matin vous vous habillez et le soir vous vous déshabillez. Si vous aviez appris à réfléchir aux gestes de la vie quotidienne pour les interpréter, vous auriez compris que l'homme ne fait ainsi que répéter le processus de l'incarnation, la descente dans la matière, puis celui de la désincarnation, la remontée vers l'esprit. En s'habillant, il commence par mettre les vêtements les plus légers, tricot de peau, chemise... pour finir par le gros pardessus ; de même pour descendre sur la terre, il entre dans des corps de plus en plus denses, jusqu'au corps physique. Et l'inverse pour remonter vers l'esprit. Si l'être humain n'est pas encore arrivé à se connaître dans sa vérité, c'est parce qu'il est couvert de plusieurs épaisseurs. Pour se connaître, il faut qu'il se dépouille de tous ses vêtements, c'est-à-dire qu'il se libère de ses corps physique, astral et mental pour ne plus vivre que dans ses corps divins, c'est-à-dire les corps causal, bouddhique et atmique.*

* Voir note et schéma p. 372-373

L'histoire de la chrétienté est pleine de récits décrivant les souffrances de saints, de mystiques qui découvraient que leur élan irrésistible vers le Seigneur ne faisait pas d'eux des êtres désincarnés. Au contraire, plus leur âme s'embrasait au feu de l'amour divin, plus la force sexuelle les tourmentait, et ils étaient malheureux, ils luttaient, certains allaient même jusqu'à se croire possédés par le Diable. Non, le Diable n'a rien à faire là, il faut seulement connaître les lois qui régissent la nature humaine, et une de ces lois est que tel mécanisme qui se déclenche dans la partie supérieure de l'être entraîne le déclenchement d'un autre mécanisme dans sa partie inférieure. Oui, que de choses à connaître pour ne pas être induit en erreur ! Quand on sait quelles réactions peuvent se produire après une prière ardente, une extase, une fusion avec la Divinité, on peut au moins être sur ses gardes. Et la Science initiatique enseigne aussi qu'il existe des moyens pour diriger cette force et obtenir grâce à elle les plus grandes réalisations spirituelles.

À notre époque, on ne trouve pas beaucoup de médecins disposés à accepter l'idée que certains troubles psychiques sont produits par des entités du plan astral qui se sont introduites chez les humains pour se nourrir à leurs dépens et les désagréger. À leur avis, il ne s'agit que d'éléments chimiques qui ont perturbé le bon fonctionnement du psychisme.

C'est vrai, ce sont des éléments chimiques, mais ces éléments chimiques sont la conséquence, la concrétisation de la présence d'esprits malfaisants que l'homme lui-même a attirés. Ces entités pullulent dans le monde astral, et si par leurs faiblesses, leurs transgressions, les humains leur ouvrent la porte, elles entrent en eux et produisent des dégâts. Ces faits sont très bien décrits dans tous les Livres sacrés, ce qui explique l'importance donnée par les Initiés à la pureté et aux exercices de purification. Et maintenant, au lieu d'étudier ces textes et d'en comprendre la profondeur pour instruire ensuite les humains dans ce sens, la médecine cherche des produits chimiques pour camoufler les troubles créés par une vie désordonnée. Comment ne voit-elle pas qu'en réalité, en ne soignant pas les causes, elle enfonce les gens dans la maladie et le malheur ?

8 Septembre

La vie est implacable, elle ne pardonne rien. C'est pourquoi, quand un Maître spirituel voit qu'il n'arrive pas à assagir ses disciples, il est tranquille, il ne se fait pas de soucis, il sait qu'il a une collaboratrice formidable : la vie. Puisque lui ne peut rien, la vie, elle, va se charger de ces récalcitrants en leur donnant quelques secousses. Malheureusement, ce n'est pas parce que les humains seront secoués qu'ils découvriront la vérité, car la vie n'explique rien : elle donne des coups, elle terrasse et massacre l'homme, mais sans lui donner d'explications. Pour avoir des explications, il faut que le disciple retourne auprès de son Maître. C'est ainsi qu'à eux deux le Maître et la vie feront son éducation. Quand je vois que je ne réussis pas à assagir quelqu'un, je m'adresse à la vie : « Écoute, charge-toi un peu de celui-là parce qu'il a une tête dure. – C'est entendu, » dit-elle. Et quand il a été secoué, comme il n'a pas compris pourquoi, la vie me le renvoie pour que je l'éclaire.

Le tracé d'une lettre n'est pas quelque chose d'insignifiant. Pour celui qui sait interpréter les formes, il contient toute une science. Prenons la lettre M. Son graphisme représente deux sommets séparés par une vallée profonde. Vous faites, par exemple, l'ascension du sommet de gauche. Si, arrivé en haut, vous voulez gravir le sommet de droite, vous devez redescendre (en veillant bien à ne pas faire de chute) et ensuite vous pouvez faire l'ascension de ce second sommet. Les deux sommets de la lettre M peuvent être interprétés comme les deux pôles de notre vie psychique : notre moi inférieur et notre Moi supérieur. Entre ces deux pôles nous ne cessons d'aller et venir… avec plus ou moins de facilité, mais il faut persévérer, car lorsque nous saurons tisser harmonieusement notre vie entre l'un et l'autre pôles, toutes les forces s'équilibreront en nous.

On a vu des princes abandonner leur royaume pour l'amour d'une femme. Mais que possédait cette femme pour faire pâlir une nation de plusieurs millions d'individus ? En réalité, l'homme ne cherche pas une femme, mais un principe qui lui est complémentaire et sans lequel il ne peut vivre. Et la femme fait de même : elle s'opposera à toute une famille, au monde entier pour suivre l'homme qu'elle aime. Est-ce qu'elle a tort ? Pas du tout. Le Seigneur et la Mère Nature ont inscrit dans le cœur des humains : « Tu quitteras ton père et ta mère et tu suivras ta femme (ou ton mari). » Le principe masculin cherche le principe féminin, et le principe féminin cherche le principe masculin, parce que, isolément, chacun se sent incomplet, mutilé. Les humains n'en sont pas toujours conscients, parce que cette recherche prend les formes les plus diverses. Les mystiques disent qu'ils cherchent Dieu. En réalité ce qu'ils appellent Dieu est cette partie complémentaire d'eux-mêmes avec laquelle ils cherchent à s'unir, à se fusionner, pour devenir une entité achevée, parfaite.

Vous ne trouverez jamais la stabilité et la sécurité intérieures que vous cherchez, tant que vous resterez dans la région des sentiments et des émotions : le plan astral. Car dans cette région, le climat, les conditions atmosphériques ne cessent de changer : un moment le soleil brille, et vous êtes heureux ; puis arrivent des nuages et voilà la tristesse… Un moment vous aimez, puis un événement se produit et vous n'aimez plus… Dans le plan astral on ne trouve que caprice et instabilité.

Il est impossible de se passer du sentiment, c'est entendu ; mais au moins, que votre abri, votre résidence ne soit pas là. Vous pouvez descendre dans le plan astral pour vous y promener, l'explorer, étudier les agitations et les bouleversements qui s'y produisent, mais n'habitez pas là. Placez votre demeure beaucoup plus haut, au-delà même du plan mental, car le monde des pensées n'est pas non plus parfaitement sûr. Combien de fois changez-vous d'opinions au gré de ce que vous croyez être vos intérêts ! Et là encore, vous vous cassez la tête. Pour être en sécurité, vous devez vous élever jusqu'au plan causal dont parle Jésus dans les Évangiles, quand il dit : « Construisez votre maison sur le roc. » Ce roc est le symbole d'un état de conscience fait de sagesse et de stabilité.

12 Septembre

Les humains ont à leur disposition un instrument extraordinaire : la pensée. Mais ils ne s'en servent pas, ils se contentent de se lamenter en énumérant tout ce qui leur manque. Vous avez besoin de beauté, de poésie, de silence, de sourires, de bons regards, de bonnes paroles ?... Eh bien, au lieu de vous plaindre de ce que personne ne vous les donne, sachez que vous pouvez les créer instantanément par la pensée. Vous direz : « Mais non, il n'y a rien, je ne vois rien, je ne touche rien ! » Évidemment, si vous attendez de les voir matérialisés, il vous faudra peut-être des siècles. Mais dans le plan mental, ils existent. Et c'est à cette réalité que vous devez vous attacher. Imaginez qu'un hypnotiseur vous donne un morceau de papier en disant : « Voilà, c'est une rose, sens-la ! » Vous allez vous extasier sur le parfum délicieux de cette rose. Vous avez capté sa pensée : sa pensée, avec les paroles qui l'accompagnent, a déjà formé la rose dans le plan subtil ; il a réussi à projeter là votre conscience, et vous, vous respirez la rose avec votre odorat psychique. Alors, pourquoi n'utilisez-vous pas cette méthode sur vous-même pour vous arracher à vos états négatifs ?

Le premier besoin d'un être humain est d'agir, de se manifester. C'est pourquoi, très jeunes déjà, les enfants ont le désir de faire quelque chose, ils veulent réaliser mais sans bien savoir quoi. Quand, plus tard, ils le savent mieux, ils ne voient pas clairement dans quelles aventures leurs désirs vont les entraîner. Pour que leurs entreprises se révèlent bénéfiques, ils ont besoin d'une lumière qu'ils ne trouveront malheureusement pas à l'université, mais seulement dans un enseignement initiatique, car c'est là seulement que l'on enseigne les vérités de la vie. Sans la Science initiatique, les humains sont condamnés à quitter cette terre en faisant une grande découverte, oui, une découverte éblouissante : qu'ils n'ont rien compris de la vie ! Voilà une découverte de taille, mais à ce moment-là elle ne leur sert plus à grand-chose et ils l'emportent avec eux de l'autre côté. Donc, je dirai à la jeunesse : « Ne demandez qu'une chose dans la vie : que la Providence vous place devant les vérités de la Science initiatique et vous serez sauvés. »

Le but d'un enseignement initiatique est de permettre aux humains de se transformer. Mais vous devez savoir ce qu'il est possible de transformer en vous et ce qui ne l'est pas. Oui, sachez que vous pouvez modifier votre caractère, mais pas votre tempérament.

Votre tempérament est en quelque sorte le résultat de vos vies antérieures : dans le passé, par vos pensées, vos sentiments et vos actes, vous vous êtes lié à certaines forces qui déterminent maintenant votre subconscient, c'est-à-dire votre tempérament ; et là, vous ne pouvez pas changer grand-chose, de même que vous ne pouvez pas modifier votre système osseux ou votre système musculaire : ces éléments constituent aussi le tempérament. Bien que dans la nature tout se transforme ou puisse se modifier par la toute-puissance de la pensée et de la volonté, ces changements sont cependant si lents et si imperceptibles que, dans une incarnation, on peut les considérer comme inexistants.

Mais notre caractère dépend de nous. Par nos efforts, par notre orientation spirituelle, c'est nous qui le forgeons. Quel que soit notre tempérament, nous avons le pouvoir de maîtriser certaines tendances préjudiciables à notre évolution, et en même temps de permettre le développement des qualités que nous possédons déjà.

Interrogez les humains sur leurs goûts, vous y découvrirez une diversité extraordinaire : chacun d'après son tempérament exprime des attractions, des répulsions, et c'est normal. Mais s'il ne fait pas intervenir un élément supérieur qui s'appelle la sagesse, la maîtrise, la volonté, pour contrôler et orienter ses impulsions, on peut lui prédire, sans courir le risque de se tromper, qu'il court vers un précipice. Chacun est poussé par des forces instinctives ; que ça vienne de l'estomac, des intestins ou du sexe, il y a toujours quelque chose qui veut vous entraîner. Mais ce n'est pas une raison pour se laisser aller. C'est pourquoi, avant de céder à une impulsion, dites-vous : « Voyons, qu'est-ce que ça donnera si je lui donne une issue ? »

Tant que votre conscience n'est pas éveillée, il y a encore beaucoup de choses qui peuvent vous réjouir ; mais ne soyez pas étonné si ces joies se transforment vite en souffrances, en amertumes, en regrets. Seules les joies d'un homme sage, éclairé, restent de l'or pur. Il ne faut pas se priver de joies ni de plaisirs, mais seulement connaître leur nature et les remplacer par des joies et des plaisirs meilleurs, plus purs, plus nobles, plus bénéfiques.

Comme la majorité des humains, vous avez besoin d'être reconnu, apprécié. C'est normal, ce n'est pas mauvais ; pourtant, pour votre bon développement, il vaut mieux que vous vous débarrassiez de ce besoin. Car observez-vous : tant que vous conservez ce besoin, vous êtes vulnérable. Pour les moindres choses vous êtes vexé parce qu'on ne vous a pas considéré avec le respect que vous croyez mériter. Pourquoi tant d'histoires ? Vous êtes fils, fille de Dieu, cela ne vous suffit-il pas ? Eh non, vous vous tracassez, vous vous rongez parce que les humains – des gens souvent très ordinaires – ne vous témoignent pas leur estime. Mais vous perdez votre temps, car les humains ne donnent pas deux centimes de votre amour-propre blessé. Tant que vous aurez besoin que les autres reconnaissent votre valeur, vous ne pourrez pas avancer. Oubliez-vous un peu et vous verrez combien vous vous sentirez dégagé.

Non seulement le plaisir n'est pas le bonheur, mais c'est souvent la recherche du plaisir qui empêche de trouver le bonheur.

Le plaisir est une sensation momentanément agréable qui pousse les humains à croire qu'en la prolongeant le plus longtemps possible, ils seront heureux. Eh bien, non. Pourquoi ? Parce que ces activités qui leur procurent rapidement et facilement une sensation agréable ne se situent pas, la plupart du temps, sur un plan très élevé : elles ne touchent que le corps physique, peut-être le cœur et un peu l'intellect. Or, on ne peut pas être heureux quand on cherche à satisfaire uniquement le corps physique, le cœur ou même l'intellect, car ce sont des satisfactions limitées et éphémères. Contrairement au plaisir, le vrai bonheur n'est pas une sensation de l'instant, et il concerne la totalité de l'être. Alors, quelque chose vous plaît, vous semble attirant, sympathique ? Ne vous précipitez pas dessus en vous imaginant que c'est là que vous trouverez le bonheur.

Celui qui embrasse sincèrement la vie spirituelle ne doit pas se préoccuper que son travail soit reconnu par les autres, et surtout il n'a pas à chercher à jouer un rôle. Seul son travail doit être important pour lui, important non dans le monde humain mais dans le monde de la lumière. Beaucoup, qui ne mettent pas le travail à la première place, veulent tout de suite qu'on les considère à cause de ce qu'ils font. Ils veulent être utiles pour être appréciés, glorifiés. Il y a donc là quelque chose de personnel. Bien sûr, il est difficile de vaincre tout à fait ce désir d'être apprécié. Pourtant, c'est au moment où la gloire ne l'intéresse plus et où il est plongé dans ce travail merveilleux sans penser à rien d'autre, que le disciple commence à être apprécié, mais par le Ciel, et il est admis à prendre part aux conseils d'en haut. Celui qui arrive jusque-là n'a rien de plus à souhaiter.

Quelle erreur de s'imaginer qu'en cédant aux tentations, c'est vous-même que vous êtes en train de satisfaire ! Eh non, pas du tout, c'est pour d'autres que vous travaillez. Malheureusement, vous vous en apercevrez trop tard. Quand vous vous sentirez appauvri, affaibli, vidé, à ce moment-là vous comprendrez que toute votre vie, vous avez travaillé pour d'autres et non pour vous-même, c'est-à-dire pour cette partie de vous qui doit sans cesse s'enrichir, grandir, s'épanouir. Et quels sont ces « autres » ? Des entités ténébreuses du plan astral, qui se nourrissent des effluves malsains produits par les fautes et les crimes des humains et qui les épuisent ! Par contre il existe aussi d'autres créatures du monde invisible, des créatures lumineuses que vous pouvez nourrir sans cesser de vous fortifier, de vous épanouir, parce qu'à chacun de vos efforts pour les satisfaire, c'est votre patrimoine spirituel que vous augmentez.

20 Septembre

La vie nous envoie à tous des épreuves. Mais ces épreuves qui ont des effets bénéfiques pour les uns ont des effets néfastes pour les autres. Pourquoi ?... Pourquoi certains succombent-ils ou deviennent-ils méchants, alors que d'autres au contraire renforcent leur volonté, leur amour, leur lumière ? Pour que les épreuves soient bénéfiques, il ne suffit pas d'être costaud ou volontaire, il faut que la pensée, le bon raisonnement puisse venir dire son mot. La première chose que doit faire le disciple devant une épreuve, c'est de l'accepter en se disant que, puisqu'il est fils de Dieu, il possède en lui-même les moyens de la surmonter. Puis il doit chercher ces moyens, qui peuvent être de toutes sortes. Mais la première chose à faire reste d'accepter l'épreuve, ne pas dire : « Comment ? Ce n'est pas possible qu'il m'arrive à moi une chose pareille ! » Eh bien si, justement, c'est à toi, et tu dois essayer d'en tirer les éléments les plus utiles pour ton évolution. C'est pourquoi il faut aimer les épreuves ! Mais les aimer ne signifie pas les chercher stupidement. De toute façon elles viendront sans que vous les cherchiez. Il faut aimer les épreuves seulement parce que c'est la meilleure façon de les affronter.

Partout dans l'espace le soleil projette des particules d'une grande pureté. Et si vous savez comment vous concentrer sur lui, vous arriverez à rejeter de votre organisme toutes sortes de matières usées, ternes, pour les remplacer par ces nouvelles particules, vivantes, lumineuses.

Voilà encore un exercice extrêmement utile que vous pouvez faire le matin en méditant au lever du soleil. De tout votre cœur, de toute votre âme, essayez de prendre ces particules divines et de les placer en vous ; ainsi, peu à peu, vous renouvellerez la matière de votre être, vous penserez et vous agirez comme un fils de Dieu, grâce au soleil.

Combien de gens n'arrivent pas à trouver le sens de la vie ! Ils ne savent pas que trouver le sens de la vie, c'est trouver un élément que seul le monde divin peut nous donner ; et il ne le donne qu'à ceux qui, durant de longues années, font des efforts pour parvenir jusqu'à lui. Car le sens de la vie est la récompense d'un travail intérieur, patient, incessant, que l'homme a entrepris de faire sur lui-même. Lorsqu'il est parvenu à un certain état de conscience, il reçoit du Ciel un élément extrêmement précieux, comme une goutte de lumière qui imprègne toute la matière de son être. À partir de ce moment-là, sa vie prend une dimension et une intensité nouvelles, les événements lui apparaissent sous une nouvelle clarté, comme s'il lui était donné de connaître la raison de toute chose. Et même la mort ne l'effraie plus, parce que cette particule qu'il a reçue du Ciel lui découvre un monde où il n'y a plus ni dangers ni ténèbres, et il sent qu'il marche déjà sur le chemin infini de la lumière.

Même les croyants ne savent pas souvent pourquoi ils prient. Ils se demandent : « Pourquoi Dieu a-t-Il besoin de nos prières ? » En réalité, Dieu n'a pas besoin de nos prières. Il a placé en nous certains appareils en disant : « Alors maintenant, à vous de les déclencher, ils sont bien construits, ça marchera ! » Vous avez vu dans les gares ces appareils automatiques qui distribuent des boissons, des bonbons, etc. ? C'est vous qui les faites marcher en y introduisant une pièce de monnaie, le chef de gare ne vient pas s'en mêler. De même, Dieu ne se mêle pas du fonctionnement de nos appareils intérieurs. Il nous les a donnés, c'est à nous d'y glisser des pièces de monnaie pour qu'ils se mettent en marche. La prière faite correctement donne des résultats parce qu'elle est comme la pièce de monnaie que vous glissez dans l'appareil. Chaque fois que vous priez, vous émettez une force qui se projette à l'extérieur de vous, mais aussi et surtout à l'intérieur, où elle actionne certains rouages. Et c'est pourquoi vous vous sentez envahi par la paix, la joie, la beauté…

La pensée est invisible, mais elle est matérielle. Oui, chacune de nos pensées est faite d'une matière extrêmement subtile qui a la propriété de parcourir l'espace à une vitesse supérieure à celle de la lumière. Il est donc possible de l'utiliser pour voyager dans l'univers, pour aller jusqu'au soleil, jusqu'aux étoiles, pour se lier aux entités célestes, puiser auprès d'elles la force, la lumière et recevoir des révélations. Le jour où vous habituerez votre pensée à faire ce travail, vous sentirez que vous commencez à vivre véritablement votre existence de citoyen cosmique.

Il est dit dans les Écritures : « *Veillez, car votre adversaire, le diable, rôde comme un lion rugissant, cherchant qui il dévorera.* » Vous appartenez à un Enseignement spirituel où on vous révèle les vérités les plus utiles pour vous. Mais dès que vous retournez dans la vie courante, vous oubliez tout, et à la première occasion, comme vous n'êtes pas vigilants, vous devenez la proie de quelques diables. Eh oui, car les diables ne sont pas des créatures tellement effrayantes comme on se les imagine. Si elles l'étaient, on pourrait les voir à distance et se méfier ; mais la plupart du temps ils sont tout petits et ils se cachent. C'est comme les microbes : on ne se méfie pas d'eux parce qu'on ne les voit pas, et ils ravagent toute l'humanité. Il faut donc désormais avoir intérieurement des microscopes pour identifier les « diables », sinon, une seconde d'inattention, on pose le pied quelque part et voilà, on est pris ! Les diables n'ont ni cornes, ni griffes, ni sabots… La réalité est bien pire, les diables dont on doit se protéger, ce sont tous ces faux pas qu'on est amené à faire par insouciance, négligence, inattention.

Chaque pensée, chaque sentiment touche dans l'espace les régions et les êtres qui lui correspondent. C'est ainsi que s'expliquent nos joies et nos souffrances. Celui qui se laisse aller à une vie animale et grossière entre, sans le vouloir, en relation avec les entités de régions inférieures, obscures, malsaines, qui commencent à le tourmenter. Pour sortir de ces régions, il doit introduire en lui d'autres vibrations : par la prière, la méditation ou d'autres activités spirituelles, le chant, la musique, etc., il a la possibilité de se lier à des entités lumineuses qui ne lui apporteront que des bénédictions.

Ce lien avec le monde divin doit devenir votre première préoccupation. C'est pourquoi, au cours de la journée, pensez à répéter souvent cette formule : « Seigneur, que ton Saint Nom soit béni aux siècles des siècles ! » et vos inquiétudes, vos tourments disparaîtront.

Que ce soit dans le plan physique, moral, intellectuel, tout être humain vient au monde avec des insuffisances, des infirmités même. Ces insuffisances et ces infirmités sont plus ou moins graves, mais elles ont toujours la même cause. Dans ses vies passées, il a par ignorance mené une existence déraisonnable ; toutes ces erreurs se sont accumulées, condensées, solidifiées comme des tumeurs, et maintenant il se trouve devant une matière qui résiste. Alors, que faire ? Utiliser le procédé inverse : faire fondre ces tumeurs en les soumettant au feu de l'esprit afin de créer des formes et des expressions plus pures, plus harmonieuses.

Pour se transformer, pour remodeler son tempérament, ses tendances, ses habitudes, son hérédité même, l'homme doit appeler le feu céleste. Quand il l'aura attiré en lui, il l'entretiendra pour qu'il fasse fondre sa matière ; et ensuite, par la pensée, il travaillera sans relâche pour créer en lui de nouvelles formes.

Chaque jour vous priez, vous méditez, vous assistez au lever du soleil, vous chantez en chorale, vous mangez ensemble. Mais pourquoi le faites-vous ? Parce que cela fait partie du programme que je vous ai présenté. Vous l'exécutez pour me faire plaisir... Mais désormais tâchez de le faire pour vous-mêmes avec la conviction absolue que vous accomplissez quelque chose de beau, de sacré, qui donnera des fruits. Pensez que ce travail que vous faites ici pour la lumière éveille des consciences dans le monde entier. Aucune pensée, aucun sentiment conscient ne reste sans effet.

Le monde psychique est comme un vaste océan où vont s'accumuler les pensées et les sentiments de tous les humains. Ces pensées, ces sentiments sont des entités vivantes qui, selon leur nature, créent des courants bénéfiques ou malsains qui influencent les créatures. Bien sûr, n'allez pas vous imaginer que d'ici quelques années nous aurons changé le monde. Mais nos prières, nos méditations, nos chants produisent dans l'invisible une lumière qui peut aider les êtres à s'orienter et à trouver leur chemin.

Nous avons un cœur, mais la nature aussi a un cœur, plus exactement un équivalent de notre cœur : ce sont les océans. La nature offre son cœur, elle l'expose au soleil et dit : « Mon Seigneur, je te donne mon cœur, mon sang. Sers-toi de lui afin que les plantes, les animaux et les hommes puissent vivre dans l'abondance. » Le soleil prend une partie de ce sang, l'élève jusqu'à lui pour le remplir de dons spirituels. Alors, quand ce sang retourne vers la terre, tous les êtres en bénéficient et se réjouissent.

Chaque jour l'Initié répète en lui-même ce don de l'océan au soleil. Il ouvre son cœur devant le Créateur en disant : « Seigneur, je Te donne mon cœur. » Cette prière ardente, ce sacrifice accompli dans le cœur de l'homme est semblable à celui qui se produit dans la nature. Grâce à la sublimation de son amour, de son sang, l'homme rencontre le soleil, qui est l'image de Dieu Lui-même ; et cette rencontre l'enrichit de nouvelles essences divines qui se communiquent à tout son être.

Le matérialiste croit à la réalité du monde visible, le spiritualiste croit à la réalité du monde invisible, et c'est cette croyance qui leur donne des pouvoirs sur l'un ou l'autre monde. Le matérialiste a très peu de pouvoir dans le plan des pensées et des sentiments, parce qu'il s'identifie trop au plan physique. Le danger pour lui est donc de se trouver impuissant à résoudre les problèmes de son monde intérieur. Mais le spiritualiste court lui aussi des dangers : du moment où il a des possibilités de changer le courant de ses pensées et de ses sentiments, de transformer son chagrin en joie, son découragement en espérance, il a tendance à s'imaginer qu'il peut tout aussi facilement changer le monde extérieur. Eh non ! Par nos facultés psychiques, nous pouvons entrer en contact avec le monde spirituel et vivre là dans la lumière, l'amour, la joie ; ce monde est une réalité, mais pas une réalité concrète, matérielle. Le monde objectif et le monde subjectif existent l'un et l'autre ; le spiritualiste ne doit pas les confondre, mais connaître les correspondances qui existent entre eux et les ajuster pour poursuivre efficacement son travail.

Chaque jour, les événements auxquels vous assistez ou dont vous êtes les auteurs, ainsi que les personnes que vous rencontrez, vous inspirent certaines pensées et certains sentiments. Mais sachez que d'après leur nature et la force que vous leur avez communiquée, ces pensées et ces sentiments suivent un chemin déterminé dans l'espace, puis ils reviennent vers le lieu de leur origine, c'est-à-dire vous-même. Si ces pensées et ces sentiments sont justes, généreux, ce sont des bénédictions qui vous arrivent, mais s'ils sont infectés par un poison sorti de votre tête et de votre cœur, ne vous étonnez pas de vous sentir, vous aussi, empoisonné. Cela s'appelle le choc en retour, et c'est une loi qui agit pour le bien comme pour le mal. Bien sûr, même si vous êtes un disciple de la Science initiatique, vous n'arriverez pas, du jour au lendemain, à contrôler vos pensées et vos sentiments, mais l'essentiel, c'est que vous preniez de plus en plus conscience combien cette question est importante. Après quelque temps, non seulement vous serez maître de votre vie psychique, mais lorsque des influences nocives venues de l'extérieur tenteront de vous attaquer, vous serez capable de les repousser.

L'instruction est évidemment très utile parce qu'elle vous donne une situation, du prestige, de l'autorité, de l'argent. Mais vous aurez beau accumuler des connaissances en mathématiques, en histoire, en médecine, etc., elles ne vous transformeront pas : si vous êtes craintif, sensuel, coléreux, égoïste, vous resterez craintif, sensuel, coléreux, égoïste.

Aucune université ne vous donnera un enseignement sur les lois qui régissent le monde moral, sur la question de l'au-delà, de la survie, de la réincarnation. Donc, même si vous êtes une encyclopédie vivante, comme vous ignorez tout de ces sujets tellement essentiels, vous ne pouvez avoir ni cette espérance, ni cette conviction, ni cette puissance de la volonté qui vous permettraient de vous transformer. Tandis que si l'on vous enseigne que les lois morales sont, dans le plan psychique, l'équivalent des lois de la nature, que les âmes continuent à vivre dans l'autre monde et comment ensuite elles se réincarnent, devant ces révélations vous ne pouvez plus rester le même, vous êtes obligé de devenir plus attentif à votre comportement extérieur et intérieur.

Le sens de la mesure n'est pas la vertu la plus répandue parmi les humains ; et parce qu'ils ne connaissent pas la mesure, ce qui devait leur faire du bien finit par leur faire du mal. Au lieu, par exemple, de ne prendre d'un plaisir, d'un succès, d'une joie, que ce qu'il faut pour être stimulés, ils se précipitent pour tout dévorer et ils tombent malades. Comme ce bonhomme qu'un ami avait invité à dîner : « Attends, dit-il, lundi, je dîne chez un tel, donc mardi je serai au lit. Mercredi, je suis invité par un tel, donc jeudi je serai au lit… Eh bien, vendredi, si tu veux ! » Au moins, lui, il se connaissait ! Que ce soit pour la nourriture, la boisson, les plaisirs, les événements heureux, les humains ont toujours tendance à dépasser la mesure. Pourquoi ne savent-ils pas faire preuve de modération ? Même un poison peut faire du bien s'il est pris à doses homéopathiques ! Mais en dehors des médicaments, les humains ne savent pas ce qu'est l'homéopathie : ils ne pensent pas que dans la vie psychique aussi, il existe des doses homéopathiques et des doses allopathiques, et que les doses homéopathiques sont les plus bénéfiques.

Les humains ont l'habitude de considérer la liberté comme une émancipation. Mais une émancipation de qui, ou de quoi ?… En réalité, l'homme n'est libre que lorsqu'il parvient à vibrer en harmonie avec l'Esprit cosmique. Pourquoi ? Parce que seul l'Esprit cosmique, le Seigneur, est libre, absolument libre. Ce n'est que dans la mesure où il se fusionne avec Lui que l'homme devient lui aussi véritablement libre, libre de la liberté du Seigneur. Qu'il s'éloigne du Seigneur, qu'il se sépare de Lui, c'est fini, il perd sa liberté. Il peut, lui, se croire libre, mais en réalité il est esclave, esclave d'autres forces, d'autres volontés : des influences maléfiques qui le dirigent sans qu'il s'en rende compte.

Nous devons donc supplier le Seigneur de ne pas nous laisser libres, mais de nous prendre à son service. Car la liberté de Dieu s'infuse dans le cœur de celui qui veut être son serviteur. Et alors, presque à son insu, il est poussé à n'accomplir que des actes éclairés, justes, nobles, car les puissances qui l'inspirent sont des puissances divines.

Il y a des gens qui passent une partie de leur vie dans des réunions où ils discutent interminablement des mêmes projets sans jamais arriver à se mettre d'accord. S'ils étaient capables de faire preuve de compréhension et d'amour les uns vis-à-vis des autres, ce serait facile. Mais ils viennent sans amour, ils ne font que se critiquer, se contredire, s'opposer, et c'est pourquoi ils ne trouveront jamais de solution. Lorsqu'on vient vraiment inspiré par l'amour, il suffit parfois de cinq minutes pour résoudre un problème ; mais sans amour, même après des années et des années de discussions on n'arrive à rien.

Alors, si vous rencontrez tellement de difficultés à vous mettre d'accord avec les autres, il ne faut pas être tellement fier, mais réfléchir à ce qui vous en empêche : n'est-ce pas le manque d'amour ? Mettez un peu plus d'amour et les problèmes seront résolus. Vous partirez tout heureux, étonné même que ç'ait été si simple.

La vie spirituelle est une aventure dans laquelle il ne faut pas se lancer à la légère. Car on peut s'y perdre, exactement comme on peut se perdre sur la mer si on n'a pas de boussole. Mais dans la vie spirituelle également, on peut avoir une boussole. Et il existe aussi des moyens de se diriger même sans voir le chemin. Que voient les occupants d'un sous-marin pour se diriger dans les profondeurs de la mer ? Rien, mais le sous-marin est muni d'appareils dont le commandant sait interpréter les indications, et le voyage se déroule sans incident. Eh bien, l'être humain est comparable à un sous-marin : il possède intérieurement des appareils qui lui permettent de se diriger dans le monde invisible. Mais pour le moment ces appareils sont rouillés parce qu'il ne les a pas utilisés depuis des incarnations, ou bien ils sont faussés à cause de la vie désordonnée qu'il a vécue. C'est donc à lui, maintenant, de les mettre à nouveau en état de fonctionner.

La matière est vivante parce qu'elle est animée par l'esprit. Si l'homme est vivant, c'est parce que son corps physique est animé par l'esprit. Il reçoit donc cette double influence : tandis que l'esprit le stimule, la matière tend à le paralyser, à l'engloutir. C'est pourquoi l'homme doit toujours lutter, et s'il n'est pas vigilant, s'il n'est pas éclairé, il se laisse aller à l'inertie et devient comme un marécage dont les eaux stagnantes sont envahies de bestioles et dégagent toutes sortes de miasmes. Tous ceux chez qui la matière prédomine, qui ne font aucun travail spirituel, sont ainsi menacés par la stagnation. Le disciple, au contraire, est celui qui ouvre les portes à l'esprit en lui donnant toutes les possibilités de se manifester ; et l'esprit, qui à ce moment-là est roi, commence à tout harmoniser, vivifier et illuminer.

La vie est fondée sur l'existence des contraires, c'est-à-dire sur le fait que tout est polarisé en actif et passif, émissif et réceptif, masculin et féminin. C'est cette opposition qui crée le mouvement. Cette idée est exprimée par le nombre 2 qui est le nombre de la polarisation. Le 2, c'est le 1 devenu positif et négatif.

Dans le jeu de cartes du Tarot, le nombre 2 est représenté par la Papesse qui tient un livre ouvert sur les genoux. Celui qui sait déchiffrer cet arcane est capable de résoudre dans sa vie le problème du mal. Il comprend que le bien et le mal, l'amour et la haine, la lumière et les ténèbres, bien que contraires dans leurs manifestations, sont les deux aspects d'une même réalité. Il ne sert donc à rien de vouloir lutter contre le mal. Il faut seulement apprendre comment utiliser les forces du mal (les difficultés et les épreuves) pour les transformer en énergies constructives. Pour résoudre le problème du mal, il faut savoir l'utiliser, c'est-à-dire sortir de la dualité pour retourner dans l'unité.

Tout ce qui existe est sorti de l'esprit et est animé par l'esprit, car l'esprit est le principe créateur par excellence. Mais tout n'est pas esprit. Notre corps, par exemple, possède quelque chose de l'esprit, mais il est loin de posséder la totalité des pouvoirs et des qualités de l'esprit. Pourtant, il dépend de nous que notre corps soit de plus en plus imprégné par les éléments de l'esprit. Quand nous mangeons, par exemple, nous devons faire en sorte que l'esprit participe à cet acte, afin qu'il imprègne la nourriture et pénètre ainsi notre propre matière. La nourriture contient la vie, mais elle ne possède pas encore l'esprit. C'est à nous, quand nous mangeons, de nous concentrer sur la nourriture pour que l'esprit intervienne, car sa présence apportera des éléments si nouveaux, que tout en nous sera transformé, embelli, ressuscité.

Dans la vie spirituelle la présence du feu est indispensable à la réalisation. Avant de commencer une cérémonie, le mage, l'Initié allume des cierges ou des veilleuses. Et le prêtre fait de même avant de commencer la messe, car la messe est aussi une cérémonie magique.

Là où le feu participe il y a des résultats. C'est pourquoi, vous aussi, vous devez apprendre à utiliser le feu. Quand vous éprouvez des difficultés intérieures, des chagrins, des tristesses, des découragements, des tentations, écrivez sur un papier votre désir de retrouver le calme, la force, la clarté, allumez une flamme et, en faisant brûler ce papier, demandez à l'Ange du Feu de bien vouloir brûler tous ces états inférieurs ; il vous exaucera. Pourquoi traîner toute la vie dans les souffrances et les limitations ? Le feu est là pour vous aider, pour vous libérer ; il faut penser à lui demander son aide.

Prier n'est rien d'autre que cette faculté de souhaiter ardemment, de demander avec insistance. Et cette faculté, chacun la possède. Il n'est pas besoin d'être tellement intelligent ou instruit pour pousser des cris vers le Ciel : il suffit d'éprouver un sentiment, un besoin intense. C'est pourquoi si quelqu'un hésite à s'engager dans la vie spirituelle en prétextant qu'il ne possède pas les facultés et les qualités nécessaires, on peut lui dire : « Quand tu es malheureux, quand tu souffres, est-ce que tu ne demandes pas de l'aide ? Eh bien, cela suffit. » Tout le monde possède la faculté de crier au secours, et pour l'évolution, pour l'avancement spirituel, c'est cette faculté-là qui compte. Dans ce domaine, il se peut même que ce soient les pauvres, les déshérités, les mourants qui possèdent la plus grande puissance. Les autres, chloroformés par les succès et le bien-être matériel, ne sentent pas qu'ils ont besoin de quelque chose. Mais les malheureux, c'est eux qui savent prier.

Le karma est l'application de la loi des causes et des conséquences aux destinées humaines. Puisque c'est l'application d'une loi, on ne peut y échapper, mais on peut le payer de différentes façons. La prière est une forme de paiement, car dans la prière, vous mettez de l'or, c'est-à-dire tout ce qui est le meilleur de votre cœur, de votre âme et de votre esprit. Vous prenez conscience de vos fautes, vous les regrettez et vous promettez de les réparer par vos bonnes actions. Alors le Ciel dit : « Puisqu'il regrette et veut réparer, c'est qu'il a compris : allégeons ses épreuves. » Car, que veut le Ciel ? Que nous nous améliorions. Il n'a aucun désir de nous écraser, qu'est-ce qu'il y gagnerait ? Le Ciel veut seulement que nous devenions plus conscients, plus sages ; c'est pourquoi, si nous avons la tête dure, il continue à nous envoyer des épreuves. Mais s'il voit que nous comprenons sans avoir besoin de subir toutes ces épreuves, ça lui suffit, il ne tient pas à nous anéantir.

Les humains ont un besoin instinctif de s'imposer aux autres, et s'imposer n'est pas nécessairement mauvais, tout dépend de la façon dont on s'y prend. Par exemple, une rose s'impose. Par sa beauté, par son parfum elle s'impose, mais avec douceur. Quand le soleil brille, il s'impose puisque vous commencez à enlever vos manteaux, vos gilets. Bien sûr, si vous ne portez pas de chapeau, vous pouvez attraper une insolation ; mais le soleil n'emploie pas la violence, il ne descend pas du ciel avec la volonté de vous terrasser, il dit seulement : « Attention, mes rayons sont puissants, prenez des précautions, sinon vous serez brûlés. » Et la rose aussi dit : « Attention, si vous restez près de moi, je vais remplacer tous vos miasmes par mon parfum. » Comme le soleil, comme la rose, vous avez le droit de vous imposer, mais par la lumière, l'amour, la douceur, la beauté…

Pour manifester leur foi, les croyants se font un devoir d'aller dans les temples, les églises, les synagogues, ils ne pensent pas à s'occuper de ce temple qu'ils sont eux-mêmes, leur être tout entier. Bien sûr, grâce à la ferveur de tous les fidèles qui sont venus y prier depuis des siècles, les édifices religieux ont quelque chose de saint, de sacré ; mais aucun ne peut se comparer avec un être humain qui a su renforcer sa volonté, purifier son cœur, éclairer son intellect, élargir son âme et sanctifier son esprit. C'est pourquoi saint Paul disait : *« Vous êtes les temples du Dieu vivant »*. C'est quand vous travaillez à devenir un temple, quand vous priez dans votre temple, que Dieu vous écoute et vous exauce. Et si en même temps vous avez conscience d'être dans cet autre temple, l'univers, vous devenez un être complet, vous êtes dans la plénitude.

C'est la loi de la terre, tout y est pollué d'une façon ou d'une autre ; et quelles que soient nos activités physiques et psychiques, nous ne cessons de recevoir des impuretés. Manger, boire, respirer, mais aussi regarder, écouter, fréquenter certaines personnes, séjourner dans certaines atmosphères sont autant d'occasions d'absorber des particules et des courants impurs qui nous alourdissent, nous obscurcissent. Pour le corps physique, il est donc souhaitable de rechercher le plus possible la nourriture et les boissons saines ainsi que l'air pur. Pour les corps psychiques, il faut n'accepter que les pensées et les sentiments purs. Mais on peut faire aussi certains exercices. Par exemple, plusieurs fois dans la journée, imaginez que vous êtes transparent comme un cristal. Et quand je dis « imaginez », je veux dire que vous devez réellement vous identifier avec le cristal, avec sa transparence, jusqu'au moment où vous sentirez les courants célestes passer à travers vous, comme la lumière qui passe à travers le prisme et se décompose en sept couleurs.

16 Octobre

Aimez et toutes les portes s'ouvriront devant vous. Alors, cessez de vous demander pourquoi vous êtes malheureux, pourquoi vous rencontrez tellement d'échecs… C'est que tout simplement vous n'avez pas d'amour. Si vous aviez de l'amour, rien ne vous résisterait, car lorsqu'on a de l'amour, on ne reste pas là inactif sans rien entreprendre. Quelqu'un dira : « Mais je suis malade. – Eh bien, justement, c'est que vous n'avez pas d'amour. – Mais quel rapport ? – Si vous aviez de l'amour pour la santé, il y a longtemps qu'elle serait venue s'installer. Si vous êtes malade, c'est que vous n'aimez pas vraiment la santé. Voilà la réponse. » Quand vous aurez de l'amour pour ce qui est bon, pour ce qui est beau, et que vous vivrez jour et nuit avec cet amour, aucune force dans l'univers ne pourra vous résister. Car il n'y a rien au-dessus de l'amour : c'est l'amour qui a créé le monde, et toutes les forces obéissent à l'amour.

Même si dans une incarnation antérieure vous avez possédé certains talents, ils ne se manifesteront pas dans cette incarnation si vous ne les exercez pas. Il arrive parfois que, sur le tard, quelqu'un se découvre pour une activité des aptitudes qu'il ne soupçonnait pas : il est tout étonné et il regrette de ne pas les avoir découvertes plus tôt. Il faut donc très tôt s'exercer dans les domaines les plus divers ; si vous ne réussissez pas, vous pouvez abandonner, mais au moins vous n'aurez pas le regret de ne pas avoir essayé. Si on en a le goût, il est toujours bon de commencer à travailler dans un domaine pour lequel on n'a pas de dispositions particulières ; mais si ça ne marche vraiment pas, il ne faut pas s'obstiner. Il est préférable d'exercer les talents que l'on a déjà, plutôt que de s'acharner en vain sur ceux que l'on n'a pas et d'échouer toujours. Il faut savoir où placer ses énergies. Donc, perfectionnez les qualités et les talents que vous possédez déjà et, s'il vous reste du temps, essayez d'en éveiller d'autres qui vous manquent.

Ne vous entêtez pas à lutter seul contre vos mauvais instincts, car non seulement vous courez le risque de ne pas en triompher, mais vous allez même vous affaiblir. Oui, parce qu'ainsi vous vous acharnez contre vous-même, et cette division vous rend encore plus vulnérable. Il est très dangereux de lutter contre soi-même : non seulement on ne remporte pas véritablement la victoire contre cet ennemi en dedans, mais on finit par se désagréger. Les morales et les religions qui ne cessent de prêcher la lutte acharnée contre le mal en l'homme ne connaissent pas la vraie psychologie. Il faut qu'il apprenne à vaincre, oui, mais sans lutter. Comment ? En demandant à d'autres forces en lui de lutter à sa place, et ces « autres » ne peuvent être que des puissances lumineuses qu'il nourrit grâce à son amour pour tout ce qui est beau, grand, divin. Au lieu de s'attaquer directement à ses instincts et de se retrouver par terre ou bien tellement malheureux de devoir renoncer à des satisfactions dont il a besoin, il leur oppose des forces lumineuses qui les neutraliseront tout naturellement.

L'évolution de l'homme s'accompagne d'une augmentation de la sensibilité. Plus la sensibilité augmente et plus on vit une vie abondante, intense. Celui dont la sensibilité diminue retourne vers les animaux, les plantes, les pierres. Vous direz : « Mais plus on devient sensible, plus on s'expose à souffrir. » C'est vrai, mais il est préférable d'augmenter sa sensibilité, même si l'on doit en souffrir, car on augmente ainsi l'intensité de la vie.

Quant à celui qui possède cette sensibilité, qu'il prenne garde de ne pas la perdre en ne sachant pas garder la mesure. Car ce sont les excès qui émoussent la sensibilité. Si vous lisez trop, par exemple, votre cerveau est saturé et vous perdez le goût de penser. Pour comprendre l'essentiel, il ne faut pas accumuler trop d'idées dans sa tête. Et en amitié, en amour, il faut se surveiller aussi, garder certaines distances. Celui qui se lance à corps perdu dans les effervescences de l'amour finit par être blasé, il ne sent plus rien. La sensibilité se développe chez celui qui sait diminuer la quantité et augmenter la qualité.

20 Octobre

Ne dites pas que vous n'avez aucun moyen de savoir si vous êtes intérieurement dans le vrai. Car en réalité vous possédez un critère : la lumière. Lorsque vous méditez, ou que vous êtes dans un état très spirituel, vous pouvez sentir parfois que tout en vous devient lumineux, comme si des lampes s'étaient allumées, comme si audedans un soleil vous éclairait ; vous sentez même que cette lumière sort à travers votre visage, vos mains, tout votre corps. Pourquoi ? Parce que dès que vous vous élevez vers les degrés supérieurs de la bonté, de la générosité, de la douceur, de la pureté, la lumière se fait en vous, vous la sentez, vous la voyez, tout s'éclaircit. Tandis que si vous vous laissez aller à des états de conscience inférieurs, il n'est même pas nécessaire pour vous en rendre compte de vous regarder dans une glace : vous sentez physiquement l'obscurité sur votre visage. Alors, n'oubliez jamais ce critère : la lumière.

21 Octobre

C’est entendu, l’être humain possède un corps physique, mais ce n’est pas là une raison pour s’arrêter à regarder seulement ses organes : l’estomac, le foie, les intestins… Qu’est-ce que cela vous apportera ? Vous direz sans doute que l’estomac, le foie, les intestins ne vous intéressent pas, car c’est la beauté que vous recherchez chez les êtres, et cette beauté, vous la trouvez dans leur visage, leur regard, leurs mains, etc. Oui, mais ne vous arrêtez pas là non plus, essayez d’aller plus loin, sinon vous vous exposez à des déceptions, car vous vous limitez à des détails purement matériels. Si vous voulez vous sentir toujours inspiré, tâchez de vous réjouir de la présence et des émanations subtiles de tous les êtres qui vous entourent, en pensant qu’une divinité invisible demeure cachée en chacun d’eux. Au-delà du corps physique d’un homme ou d’une femme, il y a tout ce qui émane de son âme, de son esprit, et c’est cela le plus important.

22 *Octobre*

Vous ne pourrez accéder au monde divin qu'en travaillant à vous mettre en harmonie avec lui. Sinon, au moment où vous allez vous présenter devant lui, vous serez arrêté comme au passage d'une frontière : le douanier qui vérifiera ce que vous portez dans vos « valises » vous dira : « Qu'as-tu dans ta tête ? Mais ce sont des pensées affreuses ! Je ne vois que des calculs, des manigances, des critiques... Et maintenant, montre ton cœur. Oh là là, cet égoïsme, cette jalousie !... Et voyons ta volonté. Mais ce n'est pas mieux : quelle faiblesse, quelle paresse !... Eh bien, sache que tu ne peux pas passer comme ça. » Oui, de même qu'il y a des pays qui n'acceptent pas l'entrée de certains produits, de certains objets, le Royaume de Dieu est un pays où les faiblesses, les mauvaises pensées, les mauvais sentiments ne sont pas acceptés. Ou vous vous en débarrassez, ou vous n'entrez pas. Seul celui qui remplit les conditions est autorisé à pénétrer dans le Royaume de Dieu.

Combien de gens négligent leurs devoirs, pour ne faire que ce qui leur plaît ! Mais celui qui essaie d'échapper aux efforts et aux difficultés doit savoir qu'il rencontrera des difficultés de plus en plus grandes. Eh oui, au lieu de chercher à éluder les problèmes, à échapper aux responsabilités, il vaut mieux qu'il essaie de les assumer, sinon la situation dans laquelle il va tomber sera pire que celle qu'il aura voulu fuir.

Tant que nous n'aurons pas résolu le problème grâce auquel le monde invisible veut nous instruire, nous ne pouvons nous échapper nulle part. Là où nous irons, on nous imposera une autre leçon plus dure encore. Le monde invisible nous dira : « Tu n'as rien voulu apprendre là-bas, eh bien, voici autre chose à apprendre ici ! » Il ne faut pas fuir les difficultés, mais chercher à bien comprendre leur sens et faire ce qui est nécessaire pour les surmonter. Lorsqu'on y est arrivé, tout ce que l'on peut entreprendre ensuite ne pourra être que bénéfique.

Parce qu'il doit subir les limitations de la matière, notre esprit ne peut se manifester en plénitude. Dans la sphère qui est la sienne, en haut, il a des pouvoirs illimités, il est tout-puissant. C'est la matière ici, en nous et autour de nous, qui lui impose des limites. Mais grâce à la continuité de nos efforts quotidiens, l'esprit se fraie peu à peu le chemin, et à la fin, c'est lui qui parvient à triompher des obstacles et à tout transformer.

On dit que l'esprit possède des pouvoirs « surnaturels ». Non, en réalité il n'y a rien de surnaturel. Ce que l'on appelle miracles ou prodiges, tous ces événements qui en apparence contredisent les lois de la nature, ne sont ni surnaturels, ni supranaturels, ni anti-naturels : ils obéissent seulement à d'autres lois, tout aussi naturelles, qui sont celles de l'esprit.

En s'éloignant de la Source divine, les humains ne cessent de s'égarer sur les chemins obscurs et tortueux de la vie. Et pour justifier leurs égarements, ils prétendent que « des goûts et des couleurs, on ne discute pas ». Ce qui signifie que chacun a sa folie particulière et qu'il a le droit de se livrer à toutes les excentricités imaginées par sa folie ! Non, il existe une norme pour les goûts : ce qui est réellement bon, juste et beau doit être bon, juste et beau pour tout le monde. Il faut toujours choisir ce qui est pur, lumineux, divin, ce qui vous rapproche du monde d'en haut, et là, non seulement vous avez un choix infini, mais en même temps vous êtes libre. L'univers est peuplé d'une multitude d'anges et d'archanges, et non seulement l'Intelligence cosmique ne vous reprochera pas d'avoir choisi tel ange plutôt que tel autre, mais vous pourrez rester avec lui autant que vous voulez. Ce qu'elle vous reprochera, c'est d'avoir choisi un démon !

On peut sentir la présence de Dieu, mais on ne peut pas dire qui Il est. Même les plus grands Initiés ne pourront pas vous le dire. Et si vous leur posez la question, il répondront par le silence, car seul le silence peut exprimer l'essence de la Divinité. Oui, essayer de dire tout ce qu'est Dieu ne suffit pas, et dire ce qu'Il n'est pas ne suffit pas non plus. Dire qu'Il est amour, sagesse, puissance, justice… c'est vrai, mais ces mots passent à côté de la réalité divine, ils ne saisissent rien de l'infini, de l'éternité, de la perfection de Dieu. On ne peut pas connaître Dieu en parlant ou en écoutant parler de Lui. Le seul moyen de Le connaître, c'est de pénétrer profondément en soi-même afin d'atteindre cette région qui est le silence.

Quels que soient l'état et les conditions où vous vous trouvez, vous ne devez jamais accepter l'inertie. Même exténué, handicapé, malade, essayez de faire au moins un geste, un pas. Et s'il vous est vraiment impossible de faire le moindre mouvement physique, vous avez encore la possibilité de vous servir de la pensée pour imaginer que vous vous déplacez et agissez exactement comme avant. Vous direz que lorsqu'on en est réduit à un pareil état, la pensée n'est pas d'un grand secours. Eh bien, vous vous trompez. Le travail de la pensée, de l'imagination déblaie le chemin, creuse un sillon, créant ainsi les conditions favorables pour le retour de l'activité.

« Savoir, vouloir, oser, se taire ». La science des Initiés peut être résumée par ces quatre mots. Mais pourquoi « se taire » ? Parce que du moment que vous savez ce qu'il faut faire, que vous avez la volonté de le faire et que vous osez entreprendre le travail, il n'y a plus rien à ajouter. C'est votre être tout entier qui présentera les résultats de votre travail. Quand vous êtes dans la paix, dans la joie, est-il nécessaire de le dire aux autres ? Non, ils le voient, ils le sentent. Et si vous êtes traversé par une tempête intérieure, vous avez beau dire que vous nagez dans la sérénité et l'harmonie, personne ne vous croira ou même on vous rira au nez. Parce que tout transparaît là aussi : le désordre, la cacophonie ! Les humains parlent, parlent, ils croient qu'en accumulant et des mots et des phrases ils arriveront à convaincre les autres, alors que la réalité devrait suffire. Seulement voilà, leurs phrases disent une chose et la réalité en dit souvent une autre. C'est pourquoi tâchez de méditer sur ce précepte tellement significatif : « se taire ».

La vigilance est une condition essentielle du progrès spirituel. Donc, à chaque instant de la journée, prenez conscience de ce qui entre en vous et de ce qui sort de vous, analysez les pensées, les désirs, les sentiments qui vous traversent, mais aussi les énergies qui vous quittent. C'est dans votre laboratoire intérieur que vous devez étudier la réalité des choses et observer si vous avancez ou si vous reculez. Quand on n'est pas conscient, comment se rendre compte de ce qui se passe ?

Il m'arrive quelquefois de demander à certaines personnes : « A quoi pensez-vous ? » et elles me répondent : « Je ne sais pas. » Je suis stupéfait ! Des courants, des entités entrent chez elles et en sortent comme dans un moulin, mais elles ne se rendent même pas compte de toutes ces entrées et sorties ! Comment voulez-vous que des êtres pareils soient maîtres de la situation ? Ils seront toujours faibles, toujours vaincus. Quels que soient les courants qui vous traversent, vous devez reconnaître leur nature, les régions d'où ils viennent ; c'est ainsi que vous progresserez. Dans une École initiatique, il n'y a de place que pour les êtres conscients.

Les hindous disent : « Quand le disciple est prêt, le Maître vient à lui. » Ce qui signifie qu'aucune transformation véritable ne peut se produire de l'extérieur. C'est toujours le disciple qui doit commencer le travail. Quand il a fait les efforts nécessaires, il reçoit l'aide dont il a besoin. La loi universelle de l'amour ne peut agir si vous n'avez rien fait pour la déclencher. Alors, ne comptez pas sur les miracles que votre Maître, vous croyez, devrait faire pour vous, et vous avancerez plus rapidement, car à ce moment-là il aura plus de possibilités pour vous aider. Cela vous paraît mystérieux ? Non, il n'y a là rien de mystérieux : lorsque vous êtes toujours fixé sur quelqu'un, attendant tout de lui, vous le paralysez, il ne peut rien pour vous. Donc, travaillez, préparez-vous, et au moment où vous serez prêt, vous recevrez de votre Maître l'aide dont vous avez besoin.

On ne peut pas discuter en théorie sur l'amour physique et l'amour spirituel. Tout dépend de vos aspirations profondes. Vous décidez de diminuer les manifestations physiques de l'amour, mais cela n'a de sens que si c'est pour mieux le goûter dans ses manifestations spirituelles. Celui qui veut renoncer à l'amour physique sans chercher l'amour dans le plan spirituel, s'expose à de grands dangers, car il ne donne pas à cette énergie des conditions pour se manifester harmonieusement.

La continence, la chasteté ne doivent donc pas être considérées comme des privations. Il ne faut pas se priver, mais seulement se déplacer, c'est-à-dire vivre en haut ce qu'on vivait en bas. Au lieu de boire de l'eau dans un marécage où pullulent les microbes, on ira boire l'eau d'une source cristalline. Ne pas boire du tout, c'est la mort. Il faut boire, oui, mais boire l'eau céleste.

Celui qui travaille avec les principes du Christ, principes qui sont éternels, inchangeables, celui-là appartient à la véritable Fraternité Blanche Universelle. Il ne démolit rien, il n'apporte pas une nouvelle religion, non, mais il abandonne des formes qui, au cours des siècles, ont perdu de leur signification.

Celui qui s'accroche à la forme révèle seulement qu'il n'a pas compris les principes. Il s'imagine que la forme le sauvera… Non, car dans la forme, on s'endort. Pour évoluer il ne faut pas tellement compter sur les formes, mais travailler avec les principes. Dans sa deuxième épître aux Corinthiens saint Paul écrit : « *La lettre tue et l'esprit vivifie.* » C'est la paresse qui pousse les humains à s'accrocher à la lettre, à la forme. Mais périodiquement l'esprit casse les formes pour les renouveler, car il ne se reconnaît plus en elles. La Fraternité Blanche Universelle n'est donc pas une nouvelle religion, c'est la religion du Christ, mais présentée sous une forme adaptée à notre époque.

Si l'Église a institué ce qu'on appelle « les derniers sacrements » ou « l'extrême-onction », c'est que le moment où l'homme va quitter la terre pour l'autre monde est d'une importance capitale, et elle veut donc préparer le chrétien au grand voyage qu'il va entreprendre. Le prêtre ou le pasteur essaie de le ramener vers les questions essentielles : il lui explique qu'il est temps de faire un retour sur sa vie, de prendre conscience de ses erreurs, de s'en repentir, et de retrouver au fond de lui-même le lien qui l'unit au Créateur. Certains penseront que c'est un peu tard. Oui, sans doute, c'est un peu tard, mais ce n'est pas trop tard. Car ceux qui quittent leur corps physique sans s'y être préparés, sans avoir la moindre notion d'une vie après la mort, de la Justice divine, souffrent beaucoup par la suite, car ils errent dans les régions obscures de l'au-delà, sans rien comprendre de ce qui leur arrive. Il est très grave d'entretenir les humains dans la conviction erronée qu'il n'y a rien après la mort. Sous prétexte de les avoir libérés de croyances absurdes, on prépare pour eux dans l'autre monde des épreuves encore plus terribles que celles qu'ils ont eues à affronter sur la terre.

3 Novembre

En lui comme à l'extérieur de lui, l'être humain ne cesse d'être l'enjeu des combats que se livrent le principe de vie et le principe de mort. Ces deux puissances adverses sont constamment en train de s'affronter, et c'est toujours la faiblesse de l'un qui fait la force de l'autre. Quand un royaume est puissant et prospère, tous ses ennemis se tiennent tranquilles ; mais quand il commence à s'affaiblir à cause de la négligence des gouvernants ou des citoyens, les ennemis en profitent pour l'attaquer et le détruire. Le même phénomène se produit aussi en nous : des forces hostiles menacent toujours de nous affaiblir en nous enlevant notre paix, notre inspiration, notre courage ; nous devons en être conscients pour pouvoir leur résister. Puisque nous sommes venus sur la terre pour exécuter un travail, il ne faut pas laisser les forces négatives remporter la victoire. Autant que nous le pouvons, par la connaissance, la foi, l'espérance, l'amour, nous devons aider les puissances de vie à triompher.

Il faut savoir se priver pour être dans l'abondance. Et c'est ce qu'a compris le sage. Il dit : « Je me priverai de quelques grains de blé, cela me permettra d'en récolter des milliers. » Et au lieu de manger ces grains, il les sème, et il finit par récolter tout un champ. Tandis que l'insensé dit : « Pourquoi me priver ? Je mangerai tous les grains. » Oui, mais après quelque temps, il n'a plus rien, il est dans la misère. Il est nécessaire de manger, mais un peu, et semer le reste. Évidemment, les grains dont je vous parle là sont symboliques : ce sont nos pensées et nos sentiments que nous devons apprendre à semer. Les pensées et les sentiments peuvent faire un travail pour le bien de tous, mais à condition de ne pas les manger, c'est-à-dire de ne pas les mettre au service de ses intérêts égoïstes. Celui qui sait se priver fait des récoltes tellement abondantes que non seulement il ne manque jamais de rien, mais il peut nourrir aussi le monde entier.

Personne n'oblige personne à choisir un Maître pour devenir son disciple. Donc, avant de faire ce choix, celui qui décide de suivre un Maître éviterait de graves malentendus s'il savait ce qu'il est en droit ou non d'attendre de lui. Car le chemin qui mène à la perfection est infini, et pour aussi grand que soit un Maître, il n'est pas parfait. Quoi que pensent ses disciples à son sujet, lui-même sait très bien qu'il est loin d'avoir atteint ce degré d'évolution qui est la perfection de Dieu Lui-même. C'est pourquoi les disciples qui apprécient vraiment leur Maître et sont conscients de ce qu'il peut leur apporter, n'ont pour lui que des pensées et des sentiments de la plus grande pureté, de la plus grande lumière. Ils facilitent ainsi son travail, et c'est eux qui en bénéficient, car le Maître a davantage de possibilités pour les aider.

L'être humain porte inscrits sur lui son passé, son présent et son avenir. Le passé est inscrit sur ses mains, et c'est ce qu'étudie la chiromancie ; le présent est inscrit sur son visage, qu'étudie la physiognomonie ; l'avenir est inscrit sur son crâne, qu'étudie la phrénologie. Mais évidemment, bien que distinctes, ces trois sciences possèdent certains éléments des deux autres.

Dans les mains de l'homme est inscrit son passé, tout ce qu'il a fait dans ses incarnations antérieures. Son visage révèle ce qu'il est dans cette incarnation. Quant à son crâne, il annonce ce que sera son avenir, car tout est contenu en puissance dans la tête, attendant d'être travaillé, développé, organisé. Donc, pour savoir à quel point vous vous trouvez actuellement, regardez votre visage. Pour connaître votre passé, regardez vos mains. Enfin, pour savoir ce que vous avez encore à exprimer dans l'avenir, étudiez votre crâne.

Aucun de vos gestes n'est indifférent. À travers chacune de vos activités vous révélez votre caractère, votre intelligence, votre sens esthétique, votre éducation. Quelqu'un dira : « Oh ! mais moi, j'ai seulement à balayer et laver le sol ! » Et alors ? cette activité non plus n'est pas insignifiante, là aussi il y a à réfléchir et à se montrer vigilant. Simplement d'après la façon dont vous vous y prenez pour commencer ce travail, vous révélez certaines de vos qualités. Pour balayer correctement il y a un processus à suivre, et certaines précautions à prendre afin de ne pas soulever des quantités de poussière. Vous direz que vous utilisez un aspirateur. C'est très bien, mais là aussi il faut être vigilant pour ne pas passer plusieurs fois au même endroit et en négliger d'autres, ne pas heurter les meubles, ne pas emporter une chaise avec le fil, etc. Aucun travail ne peut se faire négligemment et sans conscience. Quel que soit ce travail, physique ou mental, il faut voir tout d'abord comment l'organiser, dans quel ordre l'exécuter. C'est ce que l'on appelle avoir une bonne méthode de travail. Alors observez-vous, et quelle que soit la tâche que vous entreprenez, réfléchissez à la manière dont vous allez la préparer et l'exécuter.

La femme a beaucoup de reproches à faire à l'homme, car pendant des siècles, il a usé et abusé de son autorité pour la mettre à son service : il s'est montré négligent, égocentrique, injuste, violent, cruel. Et maintenant la situation a changé, la femme est en train de conquérir son indépendance : elle se réveille, elle se redresse. Mais si elle se redresse pour prendre sa revanche, les résultats n'en seront pas meilleurs, même pour elle. Il faut maintenant que la femme se montre généreuse et pardonne à l'homme. Puisqu'elle est la mère, puisqu'elle a plus d'amour que l'homme, puisque sa nature la porte à être bonne, indulgente, généreuse, prête à se sacrifier, il ne faut pas qu'elle cherche à faire payer à l'homme tout ce qu'il lui a fait subir. La femme doit s'élever au-dessus de ses intérêts personnels afin de s'éveiller, dans la lumière, à des vertus plus hautes. À toutes les femmes sur la terre il appartient donc de s'unir pour un travail de construction, un travail sur les enfants qu'elles mettent au monde, et sur les hommes, pères de leurs enfants. C'est ainsi qu'elles participeront à la régénération de l'humanité.

Les humains constatent en eux certaines tendances instinctives. Suivant le cas, ils s'y abandonnent ou ils les répriment, mais il est rare qu'ils s'arrêtent à les étudier pour en découvrir l'origine et la signification. Pourtant toutes ces tendances sont un langage. Pourquoi, par exemple, l'homme possède-t-il cet instinct de déshabiller la femme pour la contempler dans sa nudité ? Certains seront choqués et s'exclameront : « Mais quel langage y a-t-il là ? Ce sont des choses dont on ne parle pas ! » Très bien, mais comme c'est un instinct très fortement enraciné chez les hommes, ils continueront à s'y abandonner sans jamais comprendre de quoi il est le signe ni comment ils peuvent l'utiliser pour leur développement spirituel.

En réalité, l'Intelligence cosmique veut pousser l'homme à aller au-delà des apparences pour découvrir une autre réalité. L'homme doit apprendre à contempler la femme au-delà de sa nudité physique, dans la nudité de son âme et de son esprit, c'est-à-dire dans la plus grande pureté, la plus grande lumière. Car en haut, il n'y a plus de laideur ni d'impureté, mais seulement l'innocence et la splendeur.

Un virtuose qui interprète un morceau, un étudiant qui passe un examen, un équilibriste qui marche sur une corde… si toutes les puissances en eux ne sont pas concentrées et en harmonie, le virtuose fera des fausses notes, l'étudiant bafouillera et l'équilibriste se cassera les reins. Car au moment où s'introduit un trouble, une dispersion, une dissonance, toutes les forces intérieures lâchent prise et s'éparpillent, l'homme n'est plus soutenu. Vous avez fait des milliers de fois ce genre d'expérience. Mais vous êtes-vous arrêté pour en tirer une conclusion plus vaste qui embrasse toute la vie ? Tant que l'on vit dans la précipitation, le désordre, l'agitation, ces forces et ces entités de l'harmonie sont brimées, paralysées. Alors, plusieurs fois dans la journée, faites une pause de quelques minutes et efforcez-vous d'introduire en vous le silence et la paix. Ainsi, toutes les forces, toutes les entités qui n'ont pas eu jusque-là l'occasion de se manifester, sont mobilisées et vous pouvez disposer d'elles pour continuer votre travail.

L'amour est une forme d'injustice. Mais avant d'apprendre à manifester cette injustice qu'est l'amour, il faut apprendre à manifester la justice. Moïse avait imposé au peuple juif des lois implacables : « œil pour œil, dent pour dent »… La moindre faute devait être punie, il n'était jamais question d'indulgence ou de pardon. Mais c'était normal, l'humanité en était à un degré d'évolution où elle avait besoin de règles strictes. À cette époque-là, la justice était déjà un grand progrès. Mais cette situation ne pouvait durer éternellement, car Dieu est clément et miséricordieux, et il fallait que les humains, créés à son image, deviennent comme Lui, cléments et miséricordieux. C'est pourquoi Jésus est venu enseigner le pardon. Étudiez la façon dont il agissait avec les êtres déchus, les pécheurs : par son attitude il transgressait la loi de justice. Mais en transgressant la loi de justice, il instituait la loi d'amour.

Un des rêves des humains est de pouvoir prolonger indéfiniment leur vie. Mais si l'Intelligence cosmique n'a pas prévu pour eux la possibilité de vivre éternellement sur la terre, elle les a pourvus d'un organisme capable de résister beaucoup plus longtemps. La vérité, c'est que ce sont les humains eux-mêmes qui, par leur ignorance et leurs conduites désordonnées, raccourcissent leur vie, et les enfants qui viennent au monde reçoivent une hérédité que des générations et des générations qui ont mal vécu ont rendue défectueuse. Il faut donc que chacun se décide à mener de nouveau une vie intelligente et raisonnable pour que l'humanité puisse atteindre cette longévité. Ce ne sera pas possible en une seule génération, bien sûr, le passé est là, encombré d'éléments nocifs qu'on ne peut pas rejeter si vite. Mais en observant certaines règles de vie et de comportement, non seulement il est possible de préparer le terrain pour plus tard, mais même dans cette existence d'apporter certaines améliorations. Vous direz : « Et les progrès de la médecine ? » Oui, les progrès de la médecine… mais si les humains ne font pas eux-mêmes un travail de régénération, dans quel état la médecine va-t-elle les conserver ?

Tout ce que nous vivons, tous les sentiments et les pensées que nous nourrissons dans notre cœur, dans notre tête, ont des répercussions sur notre voix. C'est pourquoi, ceux qui veulent vraiment cultiver leur voix et la conserver très longtemps doivent non seulement prendre beaucoup de précautions pour leur santé, mais aussi surveiller les états intérieurs qu'ils sont en train de vivre.

Si un chanteur vit une vie pure, équilibrée, harmonieuse, sa voix se renforce, augmente en volume, en souplesse, en douceur, en subtilité, en agilité, elle lui obéit de mieux en mieux et il peut rendre plus facilement ce qu'il souhaite exprimer. Et cela se vérifie aussi pour les acteurs. Alors, au lieu de servir seulement leurs caprices, leurs passions, de rechercher les plaisirs ou les avantages financiers, les artistes qui s'expriment par leur voix doivent nourrir un idéal supérieur. Ils se lient ainsi à des entités spirituelles qui viendront les aider ; ils seront guidés sur un chemin où ils trouveront de plus en plus de possibilités pour travailler et enrichir leur voix.

14 Novembre

Le ciel en haut et la terre en bas ne sont pas des mondes opposés ni même séparés. Au contraire, ils sont continuellement en relation, grâce aux courants qui circulent entre eux, aux entités qui ne cessent de monter et de descendre. Prenons seulement le soleil et la terre : leurs relations ne s'interrompent jamais, sans arrêt il se fait entre eux des échanges et ce sont ces échanges qui produisent la vie. Ce que nous percevons pour le moment de ces extraordinaires va-et-vient n'est que peu de choses : les rayons du soleil qui arrivent jusqu'à nous… On ne voit pas tout ce qui monte de la terre vers le soleil.

Seuls les clairvoyants ont vu tous ces êtres qui descendent des régions supérieures pour travailler sur les plantes et les pierres, puis, leur travail achevé, retournent vers le ciel. Il existe sur ce sujet toute une littérature extraordinairement belle et poétique, et un jour, vous aussi vous pourrez contempler ces créatures qui vont et viennent entre la terre et le soleil, et même plus loin encore…

En dépit de tout vous devez continuer à croire et à aimer. Même si les humains se conduisent mal avec vous, ne perdez jamais votre foi et votre amour, parce qu'alors vous perdrez vraiment le sens de la vie. Méditez sur cette question en pesant le pour et le contre dans votre balance spirituelle : vous constaterez qu'en cessant d'aimer les humains, vous laissez tarir la source qui coule en vous, et ce n'est pas eux que vous punissez, mais vous-même. Pourquoi interrompre en vous le cours de ce qui doit être éternel, intarissable, sous prétexte qu'il vous est arrivé un jour un petit malheur ? Combien de saints, de prophètes, d'Initiés ont été persécutés, maltraités ! Mais ils ont continué à aimer et à croire. Alors, quel disciple peut s'estimer digne de recevoir l'Initiation s'il va raconter partout qu'il n'aimera plus personne, qu'il n'aura plus confiance en personne sous prétexte qu'il a été quelquefois trompé ou lésé ?…

L'harmonie est le plus grand de tous les biens. C'est pourquoi vous devez chercher l'harmonie par amour de l'harmonie, par besoin de l'harmonie, par désir de vous fondre dans cet ordre cosmique créé par Dieu. Vous ouvrirez ainsi les portes aux forces et aux entités lumineuses de la nature qui viendront habiter en vous. S'harmoniser, c'est s'ouvrir, et cette ouverture est la condition pour que toutes les présences bénéfiques pénètrent en vous. Vous direz : « Oui, mais comment s'ouvrir ? » C'est simple : en aimant. Aimez, et dans votre cœur, dans votre âme, les portes et les fenêtres s'ouvriront, et toutes les bénédictions du Ciel entreront en vous.

Penser à l'avenir se limite pour la plupart des gens à se demander quelle sera leur vie dans dix ans, vingt ans… cinquante ans. Eh bien, c'est pauvre ! Ce sont là des préoccupations trop proches et sans grand intérêt. Le véritable avenir des humains, le seul dont il vaut la peine de se préoccuper, c'est qu'un jour ils brilleront comme le soleil, que leur présence embaumera l'atmosphère, qu'on sentira le parfum de leur âme, et que partout où ils passeront, on entendra des mélodies, des symphonies, car toutes leurs cellules chanteront.

Chaque jour, pendant quelques minutes au moins, représentez-vous cet avenir lointain et, d'un seul coup, vous sentirez l'espoir, le courage et la vie revenir. C'est la foi dans cet avenir magnifique qui fera de vous un être nouveau. Partout on entend prononcer le mot « nouveau » : une nouvelle philosophie, une nouvelle science, une époque nouvelle, une nouvelle ère, un nouveau type d'homme… Mais comment peut-on s'imaginer que l'humanité sera un jour nouvelle tant qu'on ne travaille pas pour cet avenir sublime ?

Ne vous imaginez pas que pour devenir un mage noir, il faut avoir un maître diabolique qui enseigne l'art des envoûtements et des conjurations maléfiques. Ça peut arriver, mais on n'a pas absolument besoin pour cela de recevoir un enseignement. Sans maître, sans rien, n'importe qui peut devenir un mage noir : il suffit qu'il se laisse guider par sa nature inférieure. Eh oui, celui qui donne libre cours à ses mauvais instincts, qui transgresse sans cesse les lois de la bonté, de la justice, de l'amour, qui tâche de réussir aux dépens des autres, de les évincer, de les détruire, celui-là ne peut faire autrement que de devenir un mage noir. Et de la même façon, celui qui ne pense qu'à aider, à éclairer les autres, même s'il n'a pas de maître pour l'instruire, est en train de devenir un mage blanc.

Celui qui prie le fait pour obtenir quelque chose ; mais en réalité, c'est dans la prière elle-même que vous devez trouver votre joie, dans l'acte de prier, en sachant que le jour où vous serez exaucé, vous n'aurez plus ce bonheur de demander. Quand les désirs se réalisent, on n'a plus de quoi se réjouir, on regrette ces beaux jours du passé où on attendait, en l'imaginant, quelque chose de merveilleux. C'est pourquoi vous devez trouver toute votre joie dans ce lien que votre prière crée entre le Ciel et vous, sinon ensuite, quand vous aurez obtenu ce que vous désirez, Dieu sait seulement si vous allez être vraiment satisfait ! Celui qui a compris la véritable signification de la prière sera toujours heureux, même s'il n'a rien, parce que personne ne peut l'empêcher de créer dans le monde subtil de la pensée des choses extraordinaires qui, restant inaccessibles, resteront toujours présentes en lui.

Dieu a créé l'homme à son image. Donc, quel que soit le degré de déchéance ou de désespoir où il puisse tomber, il est impossible qu'il se perde définitivement : il sera toujours retenu sur le bord de l'abîme. Par moments, on peut penser qu'il est en train de se précipiter la tête la première vers le néant, mais en réalité quoi qu'il fasse, quels que soient les dangers auxquels il s'expose, il finira par être sauvé. Car il porte l'empreinte divine inscrite profondément en lui : c'est elle qui, même au moment où on le croit en train de se perdre pour toujours, le retient comme une main puissante et lui donne la possibilité de reprendre le chemin de la lumière.

Retenez bien cela : même si l'homme est la proie de forces qui l'entraînent vers les gouffres, rien n'est jamais irrémédiablement perdu, car le Créateur a mis en lui une sorte de verrou de sécurité, une étincelle qui pour l'éternité témoignera de son appartenance divine.

21 Novembre

La meilleure façon d'affronter les situations difficiles de l'existence, c'est de chercher à avoir immédiatement une attitude intérieure correcte. Par exemple, au moment où vous subissez un échec, pourquoi réagir comme si vous aviez tout perdu, comme si le monde entier s'écroulait ? Essayez au contraire de prendre conscience de tout ce que vous possédez encore : une famille, des amis, la santé, toutes vos facultés psychiques et spirituelles… et remerciez le Ciel pour cette richesse. Au lieu de souffrir toujours de ce qui vous manque, apprenez à vous réjouir de ce que vous avez. Que vous soyez chagriné un moment pour une vexation, une déception, un insuccès, bon, c'est normal. Mais vous êtes inexcusable de rester là à ruminer vos chagrins en oubliant toutes les autres raisons que vous avez d'être heureux et reconnaissant. Secouez-vous, mon Dieu ! Sinon il arrivera un jour où vous ne pourrez plus vous débarrasser de cette tendance au découragement et vous serez écrasé.

La plupart des gens ne sont capables que de faire entendre des plaintes et des récriminations : il leur manque ceci, on leur doit cela, on ne les aime pas, on ne pense pas à eux, les autres sont mal intentionnés... Mais pourquoi ne se rendent-ils pas compte qu'avec leur égoïsme et leurs exigences injustifiées, ils sont en train de décourager tout leur entourage ! Ils ont besoin d'être aidés, aimés, soutenus, secourus... c'est d'accord. Mais qu'ils sachent que cette poursuite tellement égoïste de ce qu'ils croient être leur bonheur ne les mènera à rien.

Tous ceux qui ont tellement besoin de l'attention et de l'affection des autres, qui s'imaginent que le monde entier doit tourner autour d'eux, se préparent une existence de déceptions et de souffrances. Pour être heureux, il faut se mettre au service des autres.

Déjà très jeune, la femme sait d'instinct qu'elle a intérêt à être belle, alors elle commence à prendre soin de sa silhouette, de ses cheveux, de sa peau, elle se maquille, et évidemment cela donne tout de suite des résultats : les hommes la remarquent et elle est satisfaite, car elle sent que sa beauté lui donne du pouvoir. Oui, mais en s'y prenant de cette façon, qui va-t-elle attirer ? Pas un sage, en tout cas, mais des êtres sensuels, des têtes brûlées, ou même des voyous qui ne demandent rien d'autre à une femme que d'être appétissante pour pouvoir la manger, et comme il faut ! Tandis que si une femme travaille à acquérir une beauté intérieure en développant ses qualités et ses vertus, elle attirera une autre catégorie d'hommes, intelligents, honnêtes, généreux, qui la respecteront et s'efforceront de tout lui donner pour son épanouissement.

Par sa conscience un Initié vit dans tous les êtres, c'est pourquoi il peut, à distance, les nourrir de sa lumière. Les aliments physiques ne peuvent nourrir que celui qui les mange ; et même si pendant un certain temps la mère nourrit l'enfant qu'elle porte dans son sein, quand l'enfant naît, il se sépare d'elle et c'est lui désormais qui doit manger. Dans le plan spirituel, le Maître, au moins au début, doit alimenter le disciple. Il se nourrit de lumière, et en se nourrissant il nourrit aussi le disciple. Comme une mère qui porte l'enfant dans son sein, le Maître accepte d'accueillir dans son âme, dans sa conscience, des enfants – ses disciples – qui se nourrissent de lui jusqu'au moment où ils seront capables de trouver eux-mêmes leur nourriture. À ce moment-là, ils pourront à leur tour nourrir les autres.

Notre vie n'est qu'une suite de rencontres, de prises de contact avec des objets, des lieux, des situations, des humains ou d'autres créatures. Chacun veut connaître et savoir. Pourquoi ? Parce qu'avec ce savoir il pense gagner quelque chose. Mais attention, il faut être prudent, car c'est souvent le contraire qui se produit.

La mouche regarde la toile d'araignée avec une grande curiosité : elle veut savoir ce que c'est. Elle ne se doute pas qu'au centre de ce magnifique réseau de filaments se tient une créature très rusée qui en est l'auteur, alors elle s'y aventure et fait bonne connaissance avec l'araignée. L'artiste qui a construit ce piège est enchantée, mais c'en est fini de la mouche ! Eh bien, l'existence est ainsi remplie de toiles d'araignée et de pièges qui attendent tous les curieux et les imprudents qui partent à l'aventure sans instructeur et sans guide.

26 Novembre

Sous prétexte d'avoir lu quelques livres d'ésotérisme, de plus en plus de personnes s'imaginent pouvoir tenir le rôle de Maître spirituel. Comme s'il s'agissait d'enseigner la géographie ou les mathématiques !... Eh non, pour devenir un véritable Maître spirituel capable d'instruire des disciples, il faut avoir travaillé sur soi-même pendant des années et des années, et même dans plusieurs incarnations. Vous aussi, un jour, vous pourrez avoir des disciples et les instruire, mais quand ? Quand vous vous serez corrigé de vos faiblesses et que vous aurez appris à vous maîtriser. En attendant, faites tout ce que vous pouvez pour vous améliorer, afin d'avoir la meilleure influence sur les personnes de votre entourage comme sur toutes celles que vous êtes amené à rencontrer. Car, qui que l'on soit, il y a toujours des personnes sur lesquelles on peut avoir une bonne influence. Donc, avant de vous présenter comme un Maître spirituel, tâchez de vous exercer déjà à la place qui est la vôtre. Partout où vous avez une responsabilité, vous pouvez prendre cette responsabilité, comme une occasion d'agir bénéfiquement sur les autres par votre patience, par votre abnégation, par votre générosité.

Du règne minéral au règne humain, et au-delà, à travers les hiérarchies angéliques jusqu'au trône de Dieu, la vie se manifeste avec une intensité et une subtilité croissantes. Ce qui différencie les diverses régions de l'univers et les créatures qui les peuplent, c'est l'intensité des vibrations qui animent les particules de leur être. C'est pourquoi on peut dire que la mesure de l'évolution d'un être est l'intensité de sa vie. Mais parce qu'ils n'ont pas compris cette vérité, les humains vivent au ralenti : leurs poumons, leur foie, leur cœur, leur cerveau, tout chez eux est stagnant, c'est pourquoi ils sont sans cesse exposés à des troubles physiques et psychiques. Celui qui vit au ralenti est comme une roue qui tourne lentement : toute la boue vient s'y coller. Faites tourner rapidement cette roue, et la boue sera rejetée.

28 Novembre

Pourquoi vous plaindre de ne pas pouvoir compter sur les autres ? Vous vous imaginez que, où que vous alliez, quoi que vous fassiez, les gens resteront là où vous les avez laissés et qu'à n'importe quel moment vous les retrouverez disponibles et dans le même état d'esprit. Eh bien, non, pour eux comme pour vous, tout bouge, tout change, tout se transforme. Alors, rencontrez les gens, fréquentez-les, travaillez avec eux, mais ne comptez pas sur la stabilité de votre relation, parce qu'un jour ou l'autre vous serez obligé de constater que les choses ne se passent pas tout à fait comme vous l'aviez cru et espéré. « Mais alors, que faire ? » direz-vous. Occupez-vous de vous développer, de vous renforcer, de vous éclairer, c'est la seule chose qui soit sûre pour faire face à toutes les situations. Si Dieu vous donne quelques amis stables et fidèles, c'est merveilleux, remerciez-Le. Mais n'abandonnez jamais cette étincelle vivante en vous en croyant pouvoir mettre toute votre confiance dans les autres, car un jour ou l'autre vous souffrirez. N'oubliez jamais que le changement est la loi de la vie.

Les pensées qui nous traversent ne sont pas des abstractions, ce sont des entités vivantes. C'est pourquoi vous devez vous montrer conscient et les surveiller. Certaines sont comme des enfants qu'il faut nourrir, laver, instruire ; à votre insu elles s'accrochent à vous, vous prennent vos forces et vous épuisent. D'autres s'en vont dans le monde pour voler, piller, saccager, mais comme il y a une « police » spirituelle, elle vient vous trouver pour vous faire comprendre que vous êtes responsable des dégâts que ces enfants ont commis. Vous êtes alors traîné devant des tribunaux invisibles et vous êtes condamné à payer des dommages et intérêts ; ces paiements, ce sont des chagrins, des tristesses, des amertumes. Il faut donc désormais travailler à former par vos pensées des enfants angéliques, divins, qui vous entoureront et ne vous apporteront que des bénédictions.

La question de la chasteté, de la continence est généralement mal posée par les croyants. Pourquoi ? Parce qu'en réalité l'acte d'amour n'est en soi ni bon, ni mauvais ; il est seulement ce que l'homme et la femme le feront. S'ils n'ont pas travaillé sur eux-mêmes pour se purifier, s'ennoblir, s'éclairer, par cet acte ils communiqueront à leur partenaire des maladies, des vices, des influences nocives.

L'amour véritable doit tout améliorer dans l'être que vous aimez, il doit l'élever, le renforcer, l'illuminer. Qu'il s'exprime ensuite physiquement ou non, c'est secondaire. On peut aimer quelqu'un sans jamais le toucher et l'empoisonner tout de même par cet amour. Il n'y a qu'un seul critère pour juger de la qualité de votre amour : si l'être que vous aimez s'épanouit grâce à cet amour. Et s'il s'épanouit, vous pouvez être heureux et remercier le Ciel d'avoir réussi à l'aider et à le protéger.

1 Décembre

Dans les conditions actuelles de la vie sur la terre, aucune personne raisonnable ne niera l'utilité de l'argent. Mais l'argent n'est utile que dans le plan matériel. Dans le plan psychique, dans le plan spirituel, on ne peut faire aucun bien avec l'argent. Là, c'est de la lumière qu'on a besoin, la lumière qui est de l'or fluide. Si vous aimez la lumière, si vous savez comment l'attirer à vous, vous possédez déjà de l'or dans le plan spirituel. Plus vous êtes riche de cet or et plus vous avez de possibilités d'aller dans les magasins célestes « acheter » ce que vous ne pourrez trouver dans aucun autre magasin : la sagesse, l'amour, la vérité, l'infini, l'éternité… Et c'est pourquoi les sages, les Initiés tâchent d'accumuler le plus d'or possible dans le plan spirituel, afin de s'enrichir de qualités et de vertus et d'en faire ensuite bénéficier les autres. Ils ne se préoccupent pas de gagner de l'argent, mais grâce à leur lumière ils continuent à attirer les présents du Ciel et à les distribuer autour d'eux.

Étudions le corps de l'homme : il est comparable à un édifice dont la charpente est le système osseux, qui correspond, dans la nature, au monde minéral et qui, comme lui, joue le rôle de support matériel ; sur les os sont accrochés les muscles, comme la végétation est accrochée au sol. Le système circulatoire, avec les canaux et les vaisseaux sanguins, correspond aux rivières, aux cours d'eau, aux lacs, car l'eau est le sang de la terre qui nourrit toute la végétation. Le système respiratoire correspond à l'air. Et enfin le système nerveux correspond au soleil dont dépend tout le fonctionnement de l'organisme. Ce ne sont pas les os qui commandent, mais le système nerveux, qui est le plus subtil, le plus élaboré. De cette constatation on peut tirer la conclusion philosophique, que ce n'est pas à la matière qu'on doit donner la première place, mais à l'esprit.

À les voir se manifester, on se rend compte que les humains ne font pas grand cas de la maîtrise. À la moindre occasion ils s'irritent, ils explosent, ils s'effondrent, et non seulement ils n'en ressentent aucune gêne, mais ils trouvent cela naturel : ils s'expriment, ils se montrent tels qu'ils sont, et ils en sont fiers. Eh bien non, il n'y a pas de quoi être fier. Seul peut être fier celui qui a appris la maîtrise, car il devient le roi de son royaume : lui-même. Et tous les trésors et les pouvoirs entassés dans ce royaume sont à sa disposition. À ce moment-là, non seulement il devient puissant et riche, mais il peut faire beaucoup de bien aux humains qui à son contact se sentent eux aussi apaisés et renforcés. Et même les Intelligences qui peuplent l'univers lui apportent leur aide : puisqu'il est capable de se contrôler, elles se disent qu'elles peuvent placer leurs trésors chez lui, ils ne seront ni gaspillés ni perdus.

C'est une tendance innée de la nature humaine que de tout utiliser pour satisfaire ses instincts inférieurs : la cupidité, la volonté de domination... C'est pourquoi, plus les sciences et les techniques progressent, plus l'humanité est en péril, car il y aura toujours des gens pour les faire servir à un usage criminel.

La découverte du laser a démontré qu'il n'existe pas de plus grande force que la lumière. Malheureusement, cette force-là aussi peut être utilisée pour le mal comme pour le bien. De très anciennes civilisations aujourd'hui disparues étaient déjà parvenues à des réalisations inouïes grâce à la lumière. Les Atlantes, par exemple, savaient se servir de la lumière du soleil pour faire marcher les appareils les plus perfectionnés ; tout fonctionnait grâce à la lumière. Seulement ils firent un très mauvais usage de leur science et de leur pouvoir, et c'est ce qui causa leur perte. Et pour qu'il ne se produise pas de nouveau des catastrophes comparables à celles qui ont causé l'effondrement de l'Atlantide, il est urgent que des êtres raisonnables et éclairés se dressent et fassent entendre leur voix, afin qu'un équilibre entre la morale et la technique puisse être maintenu.

Même si vous devez prendre une décision urgente, ne vous précipitez pas. Efforcez-vous d'abord de vous élever par la pensée jusqu'à un sommet d'où vous pourrez apercevoir clairement la situation. Et pour vous préparer à faire face à n'importe quelle situation, dès que vous êtes libre quelques secondes, entrez en vous-même et imaginez que vous montez jusqu'à ce sommet. Quand vous aurez à prendre des décisions, le terrain sera tout de suite dégagé et vous agirez correctement. C'est parce qu'ils négligent cette pratique qu'on voit tellement de gens désorientés. Ils agissent, sans bien réfléchir, d'après leurs impulsions, et évidemment ils se cognent la tête. Ils prennent alors une autre direction, mais comme, là non plus, ils n'ont pas réfléchi, de nouveau ils se cognent la tête. C'est pourquoi la tête des humains est couverte de bleus, de bosses, de creux… Il est temps qu'ils prennent au sérieux les conseils des sages qui leur disent : « Entre en toi-même, médite… » C'est ainsi qu'ils parviendront à se hisser jusqu'à ce sommet spirituel d'où ils pourront saisir les multiples aspects de la réalité, afin de pouvoir mieux travailler et se manifester.

Pour comprendre le comportement des humains, il ne faut jamais oublier qu'ils transportent dans leur inconscient un lointain passé animal qui se manifeste par la ruse, la brutalité, la cruauté, la voracité, la sensualité, etc. Donc, quels que soient les humains que vous rencontrez, même les plus civilisés, vous devez savoir qu'ils transportent en eux tout un bagage hérité du monde animal. Et cette nature animale est puissante, elle a eu des millénaires pour se renforcer parce qu'elle a vécu dans des conditions très difficiles. Regardez toutes les difficultés que les animaux doivent affronter pour pouvoir survivre, trouver leur nourriture, se procurer un abri et le conserver… Comment voulez-vous qu'après avoir vécu dans de pareilles conditions, notre nature instinctive soit maintenant douce, bonne, clémente ? Mais ce qu'il faut savoir aussi, c'est que nous pouvons travailler sur nos qualités psychiques et spirituelles, afin de tenir tête à toutes ces tendances instinctives. C'est cela le problème que nous avons tous à résoudre.

Combien d'hommes et de femmes sur la terre se mobilisent pour servir de grandes idées comme celle du Royaume de Dieu et sa Justice ? Très peu. Par contre, on voit des quantités de gens dépenser leurs énergies à défendre toutes sortes de causes de moindre importance (des monuments en ruine, de vieilles coutumes, une race de chiens, etc.) qu'ils abandonnent bientôt, d'ailleurs, pour en défendre d'autres… Certains diront : « Mais quand nous nous mobilisons pour venir en aide aux gens qui sont dans la misère ou persécutés, ce n'est pas rien, et au moins nous voyons les résultats. Tandis que le Royaume de Dieu, c'est une utopie, jamais il ne se réalisera ! » Eh bien, ce n'est pas notre affaire. Jésus a dit : « Cherchez le Royaume de Dieu et sa Justice » et notre affaire à nous, c'est de travailler pour sa réalisation, car c'est le seul idéal qui mérite qu'on lui consacre sa vie. Ce qui est sûr, en tout cas, c'est que si personne ne fait rien, en pensant que tous les efforts dans ce sens sont inutiles, alors évidemment il ne se réalisera jamais.

Même si vous êtes la créature la plus déshéritée, vous n'avez pas le droit de penser que votre vie est perdue. C'est entendu, votre intellect, votre cœur, votre corps physique sont délabrés, mais sachez qu'il y a toujours quelque chose à faire. Et quoi ? Ne serait-ce que se concentrer sur les qualités que vous désirez posséder. Travaillez d'arrache-pied à former par la pensée une image idéale de vous-même : dans la prochaine incarnation vous aurez des résultats, et même déjà dans celle-ci quelque chose va se modifier en vous à cause des efforts que vous êtes en train de faire.

Aucun désir, bon ou mauvais, ne reste sans résultat. À l'instant où vous éprouvez un désir, il se réalise dans le monde invisible. Pour qu'il se réalise dans le plan physique, il faut beaucoup de temps ; mais en attendant, la beauté même de ce désir commence à se refléter sur vous et à imprégner tout votre être.

On n'est pas toujours récompensé pour le bien que l'on fait, c'est vrai, mais cela ne doit pas être une raison pour se décourager, et il faut surtout trouver la bonne attitude.

Vous avez fait du bien à quelqu'un, vous l'avez par exemple aidé matériellement. Puis, un jour, vous trouvez qu'il ne méritait pas votre aide, et vous allez raconter au monde entier combien il s'est montré ingrat après ce que vous avez fait pour lui, et que, si vous aviez su… etc. Mais pourquoi raconter tout ça ? Si vous allez vous plaindre partout en regrettant vos bonnes actions, vous en perdez les mérites. Il était inscrit en haut que vous deviez être récompensé, et maintenant en allant raconter partout qu'on vous a déçu, trompé, vous effacez le bien que vous aviez fait.

Même si les gens à qui vous avez fait du bien se montrent ingrats, fermez un peu les yeux et pardonnez ; c'est ainsi que vous vous grandissez. Et même, ce que vous avez ainsi perdu vous sera rendu plus tard au centuple. Quoi que l'on vous fasse, n'essayez pas de régler vos comptes ; attendez que le Ciel se prononce en votre faveur : cela arrivera obligatoirement un jour ou l'autre.

10 Décembre

Le problème du mal dépasse l'entendement humain, et c'est pourquoi on ne peut le résoudre par le raisonnement. En réalité, le mal n'existe réellement et n'est réellement redoutable que pour les faibles, pour ceux qui ne sont pas préparés à s'en servir. Mais pour les fils de Dieu, pour les Initiés, les grands Maîtres, le mal dont la religion a tellement parlé sans le comprendre, est une matière précieuse, riche, qu'on peut exploiter et dont on peut se servir pour des réalisations fantastiques. Parce qu'ils sont très forts, très purs, les Initiés osent s'attaquer au mal en plongeant dans les profondeurs obscures de leur être ; et grâce à cette audace ils rapportent des trésors, comme les pêcheurs qui plongent dans l'océan pour rapporter des huîtres perlières et qui échappent aux algues et aux requins.

Mais ces expériences ne sont pas à conseiller à tous. Il n'y a que très peu d'êtres sur la terre qui peuvent se permettre de descendre jusque dans les profondeurs de leur nature pour en ramener une matière qu'ils arriveront à sublimer.

Par nos pensées et nos sentiments nous avons la faculté d'agir sur notre comportement, et inversement, par notre comportement nous pouvons agir sur notre vie psychique. Supposez que, pendant quelque temps, vous ayez été obligé de vivre dans une atmosphère de bruit, de désordre, de futilités, vous n'avez eu ni le temps ni le goût de méditer, de prier, de vous recueillir : ces conditions ont favorisé en vous les manifestations de vos penchants ordinaires, et cela se reflète déjà sur tout votre comportement. Vous devez alors retourner la situation en disant : « Par la volonté, en faisant certains gestes, en exécutant certains actes, je vais appeler la lumière et l'amour qui couleront à nouveau en moi, et je retrouverai l'inspiration... » En agissant ainsi, vous sentirez peu à peu réapparaître les mêmes bons états intérieurs de jadis, la même plénitude.

Cessez de vous étonner et de vous plaindre du comportement des humains. Une fois pour toutes, sachez qu'ils sont capables du meilleur et malheureusement aussi du pire, et décidez de ne plus vous occuper de leurs erreurs, de leurs défauts : ils déclenchent chez vous trop de réactions négatives. Or, il existe une correspondance entre ce dont vous vous occupez et l'état dans lequel vous vous sentez ensuite. Si vous êtes tellement sensible aux mauvaises actions des autres, vous serez envahi de sentiments hostiles : la colère, l'indignation, etc. Mais dites-vous bien que ce ne sont pas vos sentiments qui les feront changer. En revanche, ces sentiments agiront tout à fait défavorablement sur votre for intérieur, et un jour votre visage même reflétera tous ces sentiments négatifs que vous aurez nourris. Eh bien, ce n'est pas intelligent. L'homme intelligent ne fait pas dépendre son état intérieur du comportement des autres.

Combien de disciples ne savent pas ce qu'ils ont à faire auprès d'un Maître ! À cause de livres qu'ils ont lus ou d'histoires qu'on leur a racontées, ils cherchent un Maître. Et quand ils croient l'avoir trouvé ils sont là à se poser des questions inutiles : « Mon Maître est-il la réincarnation de Jésus, de saint Jean, de Bouddha ? Est-il Melkhitsédek ? » Eh bien, c'est du temps perdu, et il est préférable pour le disciple de réfléchir à ce qui est le plus utile pour son Maître, et pour lui-même. Et le plus utile, c'est d'apprendre à travailler avec l'amour et la lumière. Et le disciple n'a pas non plus à se demander si son Maître est plus grand ou plus petit que tel ou tel autre ; ce n'est pas cela qui le fera évoluer. Ce qui le fera évoluer, c'est son travail et sa fidélité à l'égard de son Maître.

En faisant l'homme à son image, le Créateur a inscrit dans l'âme de ses créatures une empreinte de Lui-même. Et cette empreinte est la cause de ce sentiment de manque et d'insatisfaction qu'elles ne cesseront d'éprouver, jusqu'au jour où elles parviendront à s'unir à Lui. Tant qu'elles n'auront pas réalisé cette fusion, les créatures chercheront, elles feront des expériences plus ou moins heureuses, elles croiront chaque fois qu'elles vont enfin pouvoir réaliser ce qu'elles désirent ; mais elles se trouveront toujours déçues, toujours désappointées. En réalité, cette déception n'est pas si mauvaise, car c'est elle qui pousse les âmes humaines à aller toujours de l'avant, à chercher et à chercher sans cesse, afin de se rapprocher du Bien-Aimé, l'Esprit cosmique, et de s'unir à lui.

N'acceptez jamais l'inertie. Quel que soit le degré d'évolution auquel vous êtes arrivé, efforcez-vous d'aller toujours plus loin dans la conscience et l'exploration de vos facultés. Car le Ciel ne cesse de vous tendre la main, il vous montre le chemin, il vous présente de nouvelles mines à exploiter, de nouvelles richesses à puiser. Donc, ne vous arrêtez jamais, car tout ce que vous aurez acquis dans votre âme et votre esprit comme connaissances, comme vertus, vous l'emporterez un jour avec vous dans l'autre monde, et vous le rapporterez aussi lorsque vous reviendrez vous incarner. Oui, c'est sur votre être intérieur que vous devez travailler : c'est lui que vous devez chercher à explorer, à exploiter, car vous y trouverez les éléments les plus précieux pour votre épanouissement et votre élévation.

L'égoïste ne peut pas être heureux, car dans son cœur, dans son âme, tout est rétréci. Pour être heureux, il faut s'élargir jusqu'à embrasser le monde entier, et seul l'amour permet cet élargissement. Celui qui a beaucoup d'amour s'étend, se dilate, il embrasse l'univers, il vibre avec l'univers ; tout s'ouvre à lui, il ne rencontre plus de barrières et le bonheur ne le quitte plus. La condition du bonheur, c'est l'amour, oui, seulement l'amour, pas la science ni même la philosophie. La science, la philosophie peuvent, au mieux, nous préparer le chemin, nous orienter, nous éclairer, mais elles sont incapables de nous rendre heureux. C'est ce qu'avait compris Salomon qui disait : *« Beaucoup de sagesse, beaucoup de chagrin. Plus de savoir, plus de peine. »* Ceux qui savent beaucoup ne sont pas tellement heureux ; seuls sont heureux ceux qui ont beaucoup d'amour dans leur cœur, même s'ils ne savent pas grand-chose.

17 Décembre

Combien de temps passez-vous réellement avec le monde extérieur ? Quelques minutes, quelques heures… Et combien de temps êtes-vous avec vous-même ? Jour et nuit, toute l'existence. Cela prouve que votre vie intérieure est plus importante. Donc vous devez faire en sorte que l'abondance, la richesse et l'ordre soient d'abord en vous, plutôt qu'à l'extérieur. Or, on voit le monde extérieur se remplir d'objets, de produits, d'appareils, de constructions, d'armes de toutes sortes, tandis que les humains intérieurement vivent de plus en plus dans le désordre, la faiblesse, la misère, le vide. Il est temps qu'ils pensent à réaliser intérieurement tout ce qu'ils s'occupent à réaliser extérieurement. C'est en nous que nous devons avoir la richesse, la beauté, la force ; car ce que nous aurons ainsi obtenu, rien ni personne ne nous l'enlèvera.

On constate que chez certains êtres la lucidité, la pénétration, la clarté d'esprit augmentent avec les années, et même avec la vieillesse, alors que chez d'autres au contraire elles diminuent. Pourquoi ? Parce que les premiers ont pris, très tôt, l'habitude de se lier à l'Intelligence cosmique, ils croient en elle, ils s'ouvrent à elle, ils l'aiment, et peu à peu elle se révèle à eux car elle est attirée par cet amour. Tandis que les autres, qui ne reconnaissent aucune Intelligence dans l'univers, se ferment le chemin de la véritable compréhension : ils sont concentrés sur leur seule intelligence, ne se fient qu'à elle, et comme cette intelligence est limitée, au bout de quelque temps elle s'épuise. Tous ceux qui rejettent l'Intelligence cosmique et qui la nient, limitent leurs facultés mentales. Maintenant chacun peut choisir : le chemin de tous les savants et philosophes matérialistes, ou bien celui des Initiés, des grands Maîtres qui reçoivent chaque jour des révélations, parce qu'ils puisent sans cesse à l'océan infini de l'Intelligence cosmique.

Le monde subtil commence en nous avec le corps éthérique (double du corps physique), le corps astral (corps des sentiments) et le corps mental (corps des pensées).* Mais nous possédons aussi en germe des corps spirituels : les corps causal, bouddhique et atmique. Ces corps, il vous est certainement arrivé au moins une fois d'en sentir en vous la présence. Devant une œuvre d'art, un paysage, un visage, vous avez des frissons, vous vous sentez dilaté, transporté de joie : c'est une manifestation du corps bouddhique qui commence à vibrer en vous... Vous êtes traversé par une énergie spirituelle qui vous donne la force d'affronter tous les obstacles : c'est le corps atmique qui arrive à se frayer un chemin... Vous ressentez une telle illumination que l'ordre de l'univers se révèle à vous, vous comprenez ses lois : c'est le corps causal qui se fait une place dans votre cerveau. Si ces manifestations se reproduisent souvent, c'est que les trois corps causal, bouddhique et atmique commencent à prendre possession de tout votre être.

* Voir note et schéma, p. 372-373

L'ambition pousse les humains à rechercher des situations, des postes de plus en plus élevés. Mais ces situations, ces postes entraînent pour eux des responsabilités toujours plus lourdes. Quel que soit le domaine : politique, social, scientifique, économique, religieux, moral, il arrive le moment où ils ressentent leurs responsabilités comme un fardeau terrible, une source de troubles et d'ennuis, une perte de leur liberté. Alors, au lieu que cette charge les aide à se renforcer, à s'éclairer, à s'ennoblir, elle les accable, elle les mine. Un Initié doit lui aussi assumer de lourdes charges, mais comme il cherche sans arrêt comment agir pour entraîner son entourage dans une direction divine, il trouve dans ses responsabilités des possibilités d'évolution jusqu'à l'infini. Cela ne veut pas dire qu'il ne sente aucun poids. Mais il se dit : « Grâce à cette charge, je vais développer la vigilance, je vais élargir ma conscience », et c'est ainsi qu'il avance, grandit, s'enrichit.

21 Décembre

Comme l'animal, l'homme mange pour subsister. Seulement il ne doit pas se contenter de manger comme un animal, c'est-à-dire sans conscience. Car les aliments ne sont pas une matière morte, ils nous parlent, ils nous communiquent leurs secrets, et pour recevoir ces secrets, nous devons apprendre à manger dans le silence en nous concentrant sur la nourriture.

La nourriture est de la lumière solaire condensée, des sons condensés. Oui, car la lumière n'est pas séparée du son, mais pour l'entendre il faut être attentif et ne pas avoir la pensée occupée ailleurs. Pour celui qui s'est exercé à l'entendre, la lumière parle, elle chante, c'est de la musique, c'est le Verbe divin. Dans le vacarme du monde contemporain, on ne peut rien entendre, et c'est tellement dommage ! Pour comprendre le langage de la nourriture, il faut commencer par faire silence.

Je ne vous parle que de réalités qui existent en vous. Alors, même si vous n'avez pas encore pris conscience de leur existence, même si vous ne comprenez pas bien ce que je vous dis, je sais que je touche par mes paroles quelque chose qui ne demande qu'à venir à la lumière ; ce quelque chose, on peut le comparer au lotus qui commence par croître sous l'eau avant de s'épanouir à la surface…

Les choses naissent, se forment et commencent à croître dans l'obscurité du subconscient, et au moment où elles apparaissent à la conscience, elles n'en sont pas à leur début, mais presque à leur achèvement, car depuis longtemps déjà elles étaient en mouvement. De la même façon, mes paroles réveillent au plus profond de vous quelque chose qui, un jour, comme la fleur du lotus, sortira pour s'épanouir au-dessus de l'eau.

Notre esprit est une étincelle immortelle jaillie du sein de l'Éternel. Tous les pouvoirs, tout le savoir du Créateur sont contenus en lui et, s'il ne peut les manifester, c'est parce qu'il est limité par la matière opaque, grossière de notre corps physique. Mais ce n'est pas là une raison pour mépriser le corps, pour le martyriser, comme l'ont fait des chrétiens pendant des siècles. Dieu a construit notre corps avec une grande science, une grande sagesse. C'est le meilleur instrument qui nous ait été donné, et si nous savons travailler sur lui chaque jour pour purifier et affiner sa matière, nous le rendrons capable de vibrer en harmonie avec l'esprit. L'homme qui méprise et néglige le corps, comme celui qui ne cherche qu'à en tirer toutes les jouissances sensuelles, est dans l'erreur. Seul celui qui a compris que la mission du corps est de manifester toutes les splendeurs de l'esprit, de devenir un jour le temple vivant de l'esprit, est sur le bon chemin. Comment peut-on imaginer que ce corps que Dieu a donné à l'homme ait pour unique fonction de s'opposer à l'esprit, d'éteindre la flamme de l'esprit qui fait justement de l'homme un fils de Dieu ?

Lorsqu'il néglige le lien qui l'unit au monde divin, l'homme se coupe de ses racines véritables et il perd le sens de la vie. Le monde divin n'est pas comme un pays étranger extérieur à nous et que nous pouvons ignorer sans que cela entraîne de conséquences. Le monde divin est notre terre intérieure, c'est le monde de notre âme et de notre esprit, et en coupant le lien avec lui, nous nous privons des ressources dont nous avons le plus besoin pour vivre. Dans les épreuves et les difficultés de l'existence, certains retrouvent instinctivement le contact avec cette réalité supérieure. Mais cela ne suffit pas, c'est dans tous les instants de la vie quotidienne que nous devons être conscients de la présence en nous de ce monde si riche et si puissant où nous pouvons sans cesse puiser des ressources spirituelles : la force, le courage, l'inspiration…

La création est l'œuvre des deux principes masculin et féminin. Dès que ces deux pôles se trouvent en présence l'un de l'autre, ils se mettent au travail. Et parce que cette loi s'applique dans toutes les régions de l'univers, c'est elle aussi qui régit le comportement des humains. Dès qu'un homme et une femme se rencontrent, le principe masculin devient actif, dynamique, tandis que le principe féminin devient réceptif.

Les Initiés, qui vont toujours beaucoup plus loin dans la compréhension de tous les phénomènes naturels, ont appris à utiliser cette loi dans la vie spirituelle afin d'éveiller certaines qualités en eux. Et dans la vie spirituelle il ne s'agit évidemment plus d'hommes ni de femmes, mais de principes divins. Ainsi, pour développer en lui les qualités féminines de réceptivité, d'humilité, de douceur, de bonté, d'obéissance, l'Initié se met en présence du principe masculin, le Père céleste. Et pour développer les qualités masculines : la force, la volonté, l'audace, il entre en contact avec le principe féminin, la Mère divine. C'est parce qu'il travaille alternativement sur les puissances masculines et féminines, que l'Initié est capable de mettre un jour au monde l'enfant divin : le Christ.

Géométriquement, un cercle se définit par son centre et sa circonférence. Mais quelle que soit la dimension de la circonférence, le centre reste toujours un point minuscule. Si on transpose cette réalité dans le domaine spirituel, on peut dire que la circonférence représente l'âme qui a la propriété de s'élargir à l'infini ; quant au point central, il représente l'esprit. L'esprit n'a pas de dimension, mais, lui, possède cette propriété particulière de vibrer si intensément qu'il est présent partout à la fois. L'esprit n'a pas de dimension parce qu'il n'est pas matériel, alors que l'âme, elle, est matérielle. Bien sûr, elle n'est pas faite de la matière épaisse du plan physique que nous connaissons, mais de la matière primordiale qui est pure lumière. L'esprit ne peut rien créer sans la matière de l'âme dans laquelle il est enfermé. Et quand les physiciens procèdent à la fission de l'atome, symboliquement ils ne font rien d'autre que libérer l'esprit, les forces emprisonnées dans la matière de l'âme.

Parce que l'homme est un résumé de la création : le microcosme, créé à l'image du macrocosme, il est le dépositaire de toute la mémoire du monde, les archives de l'univers sont contenues en lui. Ces archives sont aussi représentées symboliquement dans l'Arbre séphirotique par la séphira Daath*, le Savoir. D'après les kabbalistes, Daath est la matière originelle, la matière primordiale sur laquelle, au commencement du monde, Dieu a fait passer son souffle pour la fertiliser. C'est parce qu'elle est la substance de la Création que la matière est capable de contenir la mémoire. Et l'esprit éveille cette mémoire en effleurant la matière comme le souffle du vent fait vibrer les cordes d'une harpe éolienne.

* Voir note et schéma, p. 374 et 376.

Tout homme possède un visage intérieur qui est différent de son visage physique. Ce visage intérieur est celui de son âme. Il n'a pas de traits définis et immuables grâce auxquels on pourrait le reconnaître. Il se modifie continuellement, car il dépend étroitement de la vie psychique de l'homme, de ses sentiments, de ses pensées, et selon les moments il apparaît lumineux ou ténébreux, harmonieux ou grimaçant, expressif ou figé. Par la prière, la méditation, la contemplation, par des états de conscience supérieurs, c'est ce visage intérieur que nous devons modeler, sculpter, peindre, éclairer, afin que sa beauté imprègne un jour notre visage physique.

Que signifie vivre une vie intense ? Celui qui vit une vie intense peut se déplacer à la vitesse de la lumière, et même davantage. Car s'il est vrai que dans le plan physique la lumière est la plus rapide, dans les plans éthérique, astral, mental, l'homme peut atteindre des vitesses beaucoup plus grandes encore. Oui, par sa pensée, par son esprit, il est capable de se déplacer à une vitesse de millions de kilomètres à la seconde. La lumière du soleil met huit minutes pour parvenir jusqu'à la terre, tandis que la pensée peut se projeter instantanément dans le point le plus éloigné de l'espace. Le mouvement de l'esprit est beaucoup plus rapide que celui de la lumière. Mais dans le plan physique, c'est la lumière qui est pour nous le modèle à suivre, c'est elle qui nous apprend à intensifier en nous le mouvement de la vie.

L'amour, vous devez apprendre à travailler avec lui, à le faire jaillir en vous, à le projeter sur toutes les créatures, sur tous les objets, autour de vous et au-delà, sur les arbres, les montagnes, les océans… Vous deviendrez ainsi une présence bénéfique pour le monde entier. Par la pensée, par la parole, tâchez d'ajouter toujours un élément susceptible d'apporter des améliorations. Même si vous êtes seul, pensez à prononcer des paroles de paix, d'espoir, de joie pour tous les hommes sur la terre, en sachant qu'elles produiront des résultats. Comme on ne peut donner aux autres que ce qu'on possède déjà soi-même, cherchez d'abord à créer en vous l'harmonie et la lumière puis, quand vous sentez que vous avez réussi à rendre cette harmonie et cette lumière réelles en vous, projetez-les dans l'espace. C'est cela, travailler avec l'amour divin.

On entend partout des gens répéter : « Il faut transformer ceci… il faut changer cela… » Et alors, ils transforment, ils changent… Ici on supprime des postes, là on crée une nouvelle administration, ici on efface une frontière, là on en dessine une autre. Mais voilà, l'histoire nous apprend que ces transformations ne sont pas durables : quelque temps après, une vague survient qui emporte tout. Pourquoi ? Parce que l'impulsion qui a présidé à ces changements ne venait pas d'en haut, d'une exigence de l'esprit.

Seul ce qui est fondé en haut, dans le monde de l'esprit, est éternel. Le reste est passager, transitoire. Donc, quand vous voulez améliorer durablement une situation, vous devez vous élever très haut dans le monde de l'esprit, et là, travailler, prier, formuler des demandes, créer des images qui peu à peu descendront pour se réaliser dans le plan physique. Si vous savez déclencher les forces lumineuses en haut, un jour tous les obstacles seront balayés et un ordre nouveau d'harmonie et de paix s'installera sur la terre.

Note : Sans rejeter la division corps – âme – esprit adoptée traditionnellement en Occident, Omraam Mikhaël Aïvanhov a surtout utilisé la division en six – ou sept – corps, inspirée de la philosophie hindoue. (Le corps éthérique, souvent mentionné, fait partie du corps physique. Voir à ce sujet le chapitre VI de « La vie psychique : éléments et structures »).

Les trois activités fondamentales par lesquelles se caractérise l'homme sont la pensée (qui a pour instrument l'intellect), le sentiment (qui a pour instrument le cœur) et l'action (qui a pour instrument le corps physique). Ne croyez pas que seul le corps physique soit fait de matière : le cœur et l'intellect aussi sont des instruments matériels, seulement leur matière est plus subtile que celle du corps physique.

Une longue tradition ésotérique enseigne que le support, le véhicule du sentiment est le corps astral et celui de l'intellect le corps mental. Mais cette trinité : corps physique, corps astral, corps mental constitue notre nature humaine imparfaite. Ces mêmes facultés de la pensée, du sentiment et de l'action se retrouvent en nous à un niveau supérieur, et là, leurs véhicules sont les corps causal, bouddhique et atmique qui forment notre Moi divin. Les trois grands cercles concentriques indiquent les relations qui existent entre les corps inférieurs et supérieurs.

NATURE SUPÉRIEURE

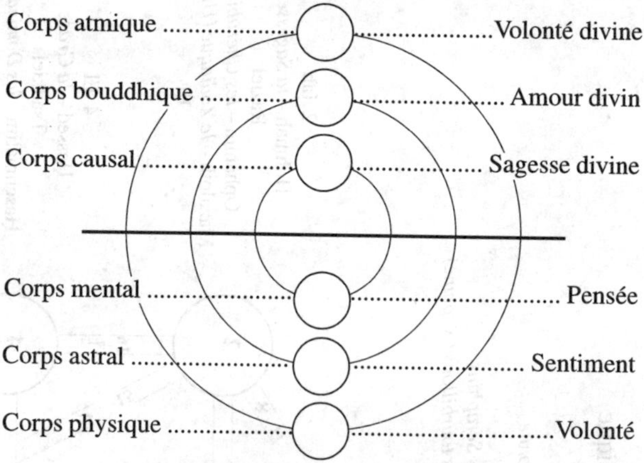

NATURE INFÉRIEURE

Le corps physique qui représente la force, la volonté, la puissance dans le plan matériel est lié au corps atmique qui représente la force, la puissance et la volonté divines.

Le corps astral qui représente les sentiments et les désirs égoïstes et personnels, est lié au corps bouddhique qui représente l'amour divin.

Le corps mental qui représente les pensées ordinaires et intéressées est lié au corps causal qui représente la sagesse divine.

Omraam Mikhaël Aïvanhov

« La vie psychique : éléments et structures » - *N° 222, Chap. III, Collection Izvor.*

Arbre séphirotique

1 Ehiéh
Kéther – *la Couronne*
Métatron
Ḥayoth haKodesch – *les Séraphins*
Reschith haGalgalim – *les premiers tourbillons (Neptune)*
♆

3 Jéhovah
Binah – *l'Intelligence*
Tsaphkiel
Aralim – *les Trônes*
Chabtaï – *Saturne*
♄

2 Iah
Ḥoḥmah – *la Sagesse*
Raziel
Ophanim – *les Chérubins*
Mazaloth – *le Zodiaque (Uranus)*
♅

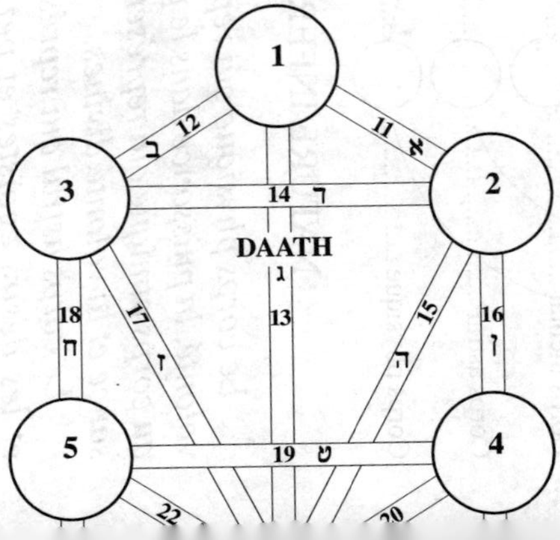

5 Elohim Guibor
Guébourah – *la Force*
Kamaël
Séraphim – *les Puissances*
Madim – *Mars*
♂

4 El
Ḥessed – *la Grâce*
Tsadkiel
Ḥaschmalim – *les Dominations*
Tsédek – *Jupiter*
♃

8 Elohim Tsébaoth
Hod – *la Gloire*
Raphaël
Bneï-Elohim – *les Archanges*
Koḥave – *Mercure*
☿

9 Chadaï-El-Haï
Iésod – *le Fondement*
Gabriel
Kéroubim – *les Anges*
Lévana – *Lune*
☽

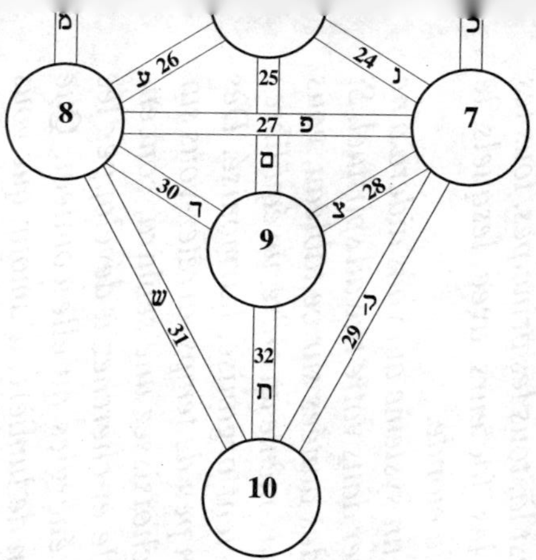

7 Jéhovah Tsébaoth
Netzaḥ – *la Victoire*
Ḥaniel
Elohim – *les Principautés*
Noga – *Vénus*
♀

6 Eloha vaDaath
Tiphéreth – *la Beauté*
Mikhaël
Malaḥim – *les Vertus*
Chémesch – *Soleil*
☉

10 Adonaï-Méleḥ
Malḥouth – *le Royaume*
Sandalfon
Ischim – *les Hommes parfaits*
Olam Iésodoth – *Terre*
♁

Note:

L'Arbre de Vie est un schéma symbolique qui résume toute la Science initiatique, les doctrines de tous les Initiés. On peut le comparer à une graine, à une semence : plantez-la, elle fera apparaître devant vous toute la création avec la multitude des créatures. Ce schéma peut devenir un instrument magique, un pantacle parmi les plus puissants. Tout est là, tous les principes, tous les éléments, tous les facteurs avec lesquels le Seigneur a créé le monde.

Vous avez là un système qui vous aidera à ne pas vous disperser dans votre travail spirituel. Si vous travaillez des années sur ce tableau, vous introduisez en vous-même un ordre, un équilibre ; tout en vous devient organisé, harmonisé. Dès que vous avez un peu de temps, arrêtez-vous sur l'Arbre de Vie, choisissez une séphira, concentrez-vous sur elle et cherchez à développer les qualités ou les énergies qu'elle contient. Que vous ayez besoin de lumière, d'amour, que vous ayez besoin de force, de protection, de générosité, de justice ou de vie... adressez-vous à l'Arbre de Vie : il est là à la disposition des fils et des filles de Dieu qui ont besoin de se nourrir de la vie divine.

Omraam Mikhaël Aïvanhov

LES FRUITS DE L'ARBRE DE VIE

Tome 32 – Œuvres Complètes

INDEX

F

G

H

I

N

O

P

T

Du même auteur:

Collection des « Œuvres Complètes »

Tome 1 – La deuxième naissance
Tome 2 – L'alchimie spirituelle
Tome 3 – Les deux arbres du Paradis
Tome 4 – Le grain de sénevé
Tome 5 – Les puissances de la vie
Tome 6 – L'harmonie
Tome 7 – Les mystères de Iésod, les fondements de la vie spirituelle
Tome 8 – Langage symbolique, langage de la nature
Tome 9 – « Au commencement était le Verbe… »
Tome 10 – Les splendeurs de Tiphéret, le soleil dans la pratique spirituelle
Tome 11 – La clef essentielle pour résoudre les problèmes de l'existence
Tome 12 – Les lois de la morale cosmique
Tome 13 – La nouvelle terre Méthodes, exercices, formules, prières
Tome 14 – L'amour et la sexualité *
Tome 15 – L'amour et la sexualité **
Tome 16 – Hrani Yoga Le sens alchimique et magique de la nutrition
Tome 17 – « Connais-toi, toi-même » Jnani yoga *
Tome 18 – « Connais-toi, toi-même » Jnani yoga **
Tome 19 à 22 – Pensées Quotidiennes
Tome 23 – La nouvelle religion: solaire et universelle *
Tome 24 – La nouvelle religion: solaire et universelle **
Tome 25 – Le Verseau et l'avènement de l'Âge d'Or *
Tome 26 – Le Verseau et l'avènement de l'Âge d'Or **
Tome 27 – La pédagogie initiatique *
Tome 28 – La pédagogie initiatique **
Tome 29 – La pédagogie initiatique ***
Tome 30 – Vie et travail à l'École divine *
Tome 31 – Vie et travail à l'École divine **
Tome 32 – Les fruits de l'Arbre de Vie La Tradition kabbalistique

Du même auteur :

Collection Izvor

200 – Hommage au Maître Peter Deunov (hors série)
201 – Vers une civilisation solaire
202 – L'homme à la conquête de sa destinée
203 – Une éducation qui commence avant la naissance
204 – Le yoga de la nutrition
205 – La force sexuelle ou le Dragon ailé
206 – Une philosophie de l'Universel
207 – Qu'est–ce qu'un Maître spirituel ?
208 – L'égrégore de la Colombe ou le règne de la paix
209 – Noël et Pâques dans la tradition initiatique
210 – L'arbre de la connaissance du bien et du mal
211 – La liberté, victoire de l'esprit
212 – La lumière, esprit vivant
213 – Nature humaine et nature divine
214 – La galvanoplastie spirituelle et l'avenir de l'humanité
215 – Le véritable enseignement du Christ
216 – Les secrets du livre de la nature
217 – Nouvelle lumière sur les Évangiles
218 – Le langage des figures géométriques
219 – Centres et corps subtils
220 – Le zodiaque, clé de l'homme et de l'univers
221 – Le travail alchimique ou la quête de la perfection
222 – La vie psychique : éléments et structures
223 – Création artistique et création spirituelle
224 – Puissances de la pensée
225 – Harmonie et santé
226 – Le Livre de la Magie divine
227 – Règles d'or pour la vie quotidienne
228 – Regards sur l'invisible
229 – La voie du silence
230 – Approche de la Cité céleste
231 – Les semences du bonheur
232 – Les révélations du feu et de l'eau
233 – Un avenir pour la jeunesse
234 – La vérité, fruit de la sagesse et de l'amour
235 – « En esprit et en vérité »
236 – De l'homme à Dieu: Séphiroth et Hiérarchies angéliques
237 – La Balance cosmique – Le nombre 2
238 – La foi qui transporte les montagnes
239 – L'amour plus grand que la foi
240 – Qu'est-ce qu'un fils de Dieu ?

Du même auteur :

Brochures

301 – L'année nouvelle
302 – la méditation
303 – La respiration,
dimension spirituelle et applications pratiques
304 – La mort et la vie dans l'au-delà
305 – La prière
306 – La musique et le chant dans la vie spirituelle
307 – Le haut idéal
309 – Notre peau spirituelle, l'aura
311 – Comment la pensée se réalise dans la matière
312 – La réincarnation
313 – « Notre Père »
315 – La science de la vie
318 – Le vrai travail de la mère pendant la gestation
319 – L'âme, instrument de l'esprit
320 – Verbe divin et parole humaine
321 – Noël et le mystère de la naissance du Christ
322 – Les bases spirituelles de la médecine
323 – Méditations au lever du soleil

Du même auteur: Conférences improvisées

Cassettes Audio

KC 1004 Fr – Messages et conférence
KC 2001 Fr – La science de l'unité
KC 2002 Fr – Le bonheur
KC 2003 Fr – La vraie beauté
KC 2004 Fr – L'éternel printemps
KC 2005 Fr – La loi de l'enregistrement
KC 2006 Fr – La science de l'éducation
KC 2007 Fr – La prière
KC 2008 Fr – L'esprit et la matière
KC 2009 Fr – Le monde des archétypes
KC 2010 Fr – L'importance de l'ambiance
KC 2011 Fr – Le yoga de la nutrition
KC 2012 Fr – L'aura
KC 2013 Fr – Déterminisme et indéterminisme
KC 2014 Fr – Les deux natures de l'être humain
KC 2015 Fr – Prendre et donner
KC 2016 Fr – La véritable vie spirituelle
KC 2017 Fr – La mission de l'art
KC 2018 Fr – Il faut laisser l'amour véritable se manifester
KC 2019 Fr – Comment orienter la force sexuelle
KC 2020 Fr – Un haut idéal pour la jeunesse
KC 2024 Fr – La loi de la responsabilité
KC 2551 Fr – La réincarnation *(coffret 3 cassettes)*
KC 2552 Fr – L'astrologie *(coffret 3 cassettes)*
KC 2553 Fr – La méditation *(coffret 3 cassettes)*

Disques compacts

CD 5001 Fr – Le sens cosmique, mystique et historique de Noël
CD 5002 Fr – L'importance de l'ambiance

Vidéos

V 4601 Fr – Le Verseau et le règne de la fraternité
V 4602 Fr – Le sentiment permet à la pensée de se réaliser
V 4603 Fr – La prière, les bienfaits de la collectivité
V 4604 Fr – L'esprit et la matière
V 4605 Fr – L'activité de l'âme et de l'esprit
V 4606 Fr – Comment peut-on purifier le corps physique malgré la pollution de l'air et de la nourriture ?

Editeur-Distributeur

Editions PROSVETA S.A. - B.P. 12 – F - 83601 Fréjus Cedex

(France)

Tel.(33) 04 94 40 82 41 - Télécopie (33) 04 94 40 80 05

E-mail: international@prosveta.com

Distributeurs

ALLEMAGNE

PROSVETA Deutschland – Postfach 16 52 – 78616 Rottweil
Tel. (49) 741-46551 – Fax. (49) 741-46552 – e-mail: prosveta.de@t-online.de
EDIS GmbH, Mühlweg 2 – 82054 Sauerlach
Tel. (49) 8104-6677-0 – Fax.(49) 8104-6677-99

AUSTRALIE & NOUVELLE ZÉLANDE

SURYOMA LTD - P.O. Box 2218 – Bowral – N.S.W. 2576
e-mail: info@suryoma.com – Tel. (61) 2 4872 3999 – fax (61) 2 4872 4022

AUTRICHE

HARMONIEQUELL VERSAND – A- 5302 Henndorf am Wallersee, Hof 37
Tel. / fax (43) 6214 7413 – e-mail: info@prosveta.at

BELGIQUE & LUXEMBOURG

PROSVETA BENELUX – Liersesteenweg 154 B-2547 Lint
Tel (32) 3/455 41 75 – Fax 3/454 24 25 – e-mail: prosveta@skynet.be
N.V. MAKLU Somersstraat 13-15 – B-2000 Antwerpen
Tel. (32) 3/231 29 00 – Fax 3/233 26 59
VANDER S.A. – Av. des Volontaires 321 – B-1150 Bruxelles
Tel. (32) 27 62 98 04 – Fax 27 62 06 62

BULGARIE

SVETOGLED – Bd Saborny 16 A, appt 11 – 9000 Varna
e-mail: svetgled@revolta.com – Tel/Fax: (359) 52 23 98 02

CANADA

PROSVETA Inc. – 3950, Albert Mines – North Hatley (Qc), J0B 2C0
Tel. (819) 564-8212 – Fax. (819) 564-1823
in Canada, call toll free: 1-800-854-8212
e-mail: prosveta@prosveta-canada.com / www.prosveta-canada.com

CHYPRE

THE SOLAR CIVILIZATION BOOKSHOP
73 D Kallipoleos Avenue - Lycavitos – P. O. Box 4947, 1355 – Nicosia
Tel: 02 377503 – 09 680854

COLOMBIE

PROSVETA – Avenida 46 n° 19 - 14 (Palermo) - Santafe de Bogotá
Tel. (57) 232-01-36 – Fax (57) 633-58-03

ESPAGNE

ASOCIACIÓN PROSVETA ESPAÑOLA – C/ Ausias March n° 23 Ático
SP-08010 Barcelona - Tel (34) (3) 412 31 85 - Fax ((34) 3) 302 13 72
aprosveta@prosveta.es

ETATS-UNIS

PROSVETA U.S.A. – P.O. Box 1176 – New Smyrna Beach, FL.32170-1176
Tel / Fax (904) 428-1465
e-mail: sales@prosveta-usa.com – web page: www.prosveta-usa.com

GRANDE-BRETAGNE ET IRLANDE
PROSVETA – The Doves Nest, Duddleswell Uckfield, – East Sussex TN 22 3JJ
Tel. (44) (01825) 712988 - Fax (44) (01825) 713386
e-mail: prosveta@pavilion.co.uk

GRÈCE
PROSVETA – J. Vamvacas
Moutsopoulou 103 – 18541 Piraeus

HONG KONG
SWINDON BOOK CO LTD
246 Deck 2, Ocean Terminal – Harbour City – Tsimshatsui, Kowloon

ISRAËL
Zohar, 42, Chdérotte Hatsvi, 34355 Haïfa

ITALIE
PROSVETA Coop. – Casella Postale – 06060 Moiano (PG)
Tel. (39) 075-8358498 – Fax 075-8359712
e-mail: prosveta@tin.it

NORVÈGE
PROSVETA NORDEN – Postboks 5101 – 1503 Moss
Tel. 69 26 51 40 – Fax 69 25 06 76
e-mail: prosveta Norden - prosnor@online.no

PAYS-BAS
STICHTING PROSVETA NEDERLAND
Zeestraat 50 – 2042 LC Zandvoort – e-mail: prosveta@worldonline.nl

PORTUGAL & BRÉSIL
EDIÇÕES PROSVETA – Rua Passos Manuel, n° 20 – 3e E, P 1150 – Lisboa
Tel. (351) (21) 354 07 64
PUBLICAÇÕES EUROPA-AMERICA Ltd
Est Lisboa-Sintra KM 14 – 2726 Mem Martins Codex
e-mail : prosvetapt@hotmail.com

RÉPUBLIQUE TCHÈQUE
PROSVETA – Ant. Sovy 18, – Ceské Budejovice 370 05
Tel / Fax: (420) 38-53 00 227 – e-mail: prosveta@iol.cz

ROUMANIE
ANTAR – Str. N. Constantinescu 10 - Bloc 16A - sc A - Apt. 9,
Sector 1 – 71253 Bucarest
Tel. (40) 1 679 52 48 - Tel./ Fax (40) 1 231 37 19
e-mail : antared@pcnet.ro

RUSSIE
EDITIONS PROSVETA S.a.r.l
Riazanski Prospekt 8a, office 407 – 109428 Moscou
Tel / Fax (7095) 232 08 79 – e-mail : prosveta@online.ru

SUISSE
PROSVETA Société Coopérative – CH - 1808 Les Monts-de-Corsier
Tel. (41) 21 921 92 18 – Fax. (41) 21 922 92 04
e-mail: prosveta@swissonline.ch

VENEZUELA
BETTY MUNÕZ – Las Mercedes – Calle Madrid
Quinta Monteserino – D. F. Caracas
Tel. (58) 014 22 36 748 – e-mail : miguelclavijo@hotmail.com

L'association Fraternité Blanche Universelle
a pour but l'étude et l'application de l'Enseignement
du Maître Omraam Mikhaël Aïvanhov édité et diffusé
par les Éditions Prosveta
Pour tout renseignement sur l'Association, s'adresser à:
Secrétariat F.B.U.
2 rue du Belvédère de la Ronce
F - 92310 SÈVRES, FRANCE
Tel. (33) 01 45 34 08 85 – Fax (33) 01 46 23 09 26
E-mail: fbu@fbu.org – Site internet - http://www.fbu.org

Achevé d'imprimer en juin 2001
par Suissa Imprimeur, Cannes